Warum heiraten?

Viel Spaß!

Bussi ♡

Deine Anne

Zu diesem Buch

Heute wird in Großstädten jede zweite Ehe geschieden. Trotzdem wird weiter sich hingegeben, gehochzeitet und die Zugewinngemeinschaft zelebriert. Warum nur? Wozu die Quälerei? Oder ist an der eingetragenen Lebensgemeinschaft nicht doch etwas dran? Die größten Experten sind vermutlich die Heiratsschwindler, die größten Skeptiker Singles. Regula Venske hat mehr als dreißig Autorinnen und Autoren eine Meinung zu diesem Thema entlockt. Ein buntschillerndes Kaleidoskop ist entstanden, das allen Zögerlichen und Heiratsscheuen, aber auch den Enthusiasten zeigt, daß übers Heiraten noch längst nicht alles gesagt ist. Denn schon allein die Frage »Warum heiraten?« wirft eine Gegenfrage auf: »Warum nicht?«

Regula Venske, geboren 1955, lebt nach verschiedenen Lehrtätigkeiten und diversen Ausflügen ins Angestelltendasein (Referentin bei der Bertelsmann Stiftung, Literaturredakteurin bei »Brigitte« und Verlagsleiterin) als freie Schriftstellerin in Hamburg. Sie ist zum zweiten Mal verheiratet und hat zwei Kinder.

Warum heiraten?

Ein Lesebuch rund um die Ehe

Herausgegeben von
Regula Venske

Piper München Zürich

Ungekürzte Taschenbuchausgabe
Piper Verlag GmbH, München
Februar 1999

Umschlag: Büro Hamburg
Simone Leitenberger, Susanne Schmitt, Annette Hartwig
Umschlagabbildung: Michael Sowa
Foto Umschlagrückseite: Christine Strub
Gesamtherstellung: Clausen & Bosse, Leck
Printed in Germany ISBN 3-492-22747-3

Inhalt

Regula Venske

Zum Geleit: 4 Körbe und 1 Entführungsfall

»Warum heiraten? Um nicht ewig als Heiratskandidat betrachtet zu werden.«

Peter Rühmkorf war's, der mir dieses zu später Stunde am Kneipentisch als Widmung ins *Tabu I* schrieb, »herzlich« natürlich und mit vor Schalk glitzernden Augen. Am 4. Oktober 1995 geschah's und war der erste von etlichen Körben, die ich mir auf meinen Antrag: einen Text zum Thema »Warum heiraten?« beizusteuern, holen sollte. Immerhin steckte in dieser Verweigerung doch eine schlaue Antwort, männlich und womöglich ehrlich zugleich.

Allein mit den Absagen wäre eine hübsche Anthologie zu bestücken gewesen; eine Woche später war die nächste, diesmal von Friederike Kretzen, gekommen. »Nun ist aber dieses Thema«, schrieb sie, »ein so dicht verwachsenes Heckengestrüpp, in dem ich merkwürdig zittrig und huschend hause, daß ich mich außerstande fühle, darüber etwas zu schreiben. . . . Jeder Buchstabe hingeschrieben in die Richtung, was Liebe sei, und sie haben dich, denke ich.«

Ich hatte um Heiratsbeiträge mit positivem Tenor gebeten; Friederike Kretzen schlug statt dessen eine Anthologie zum Thema Wut vor. (Andere Vorschläge anderer Autoren waren später etwa »Briefewechseln warum und wozu?« und »Warum altern?«, aber dies nur am Rande.)

Die Ehe ist, immer noch und immer wieder neu, je nach Standpunkt ein Mittel- und Fluchtpunkt individueller und gesellschaftlicher Lebensgestaltung; oder aber das zu Fliehende schlechthin. In all ihrem Für und Wider hat sie Hochkonjunktur. Keine Frauenzeitung, die nicht in jüngster Zeit mit einem Heirats-Special aufgewartet hätte, keine allwöchentliche Zeitungsbeilage, die nicht ebenfalls mit einem hochglänzenden Hochzeits-Dossier um Leserschaft buhlte, kein Tag, an dem nicht irgendeine Nachricht aus diesem Themengeflecht oder -gestrüpp in der Tageszeitung steht. »Ehe und Kinder hoch im Kurs«, bei drei Vierteln aller Jugendlichen laut IBM-Studie '95 nämlich, aber »Liebe für Männer kein Heiratsgrund« – statt dessen Steuerersparnisse, der Wunsch der Frau oder die mögliche Förderung der Karriere, so fand das Taunus-Institut für Kultursoziologie heraus. Oder auch die Aufenthaltsbewilligung. »Jede fünfte in Zürich geschlossene Ehe ist eine Zweckehe!« schätzen Experten: »Welcher Zweck heiligt die Ehe?«

Und wie geht man sie ein? Die ausgefallensten Trauungszeremonielle finden in Las Vegas statt: »Mit Elvis in die Ehe!« Auch vor Batman-, Humphrey Bogart- oder Marilyn Monroe-Kopien kann man sich dort das Ja-Wort geben, in Hubschraubern oder Heißluftballons, an Bungee-Seilen oder im roten Viper vor dem Hochzeits-Drive-In. Sollte es dennoch nicht gutgehen, bietet das US-Magazin »Divorce« neuerdings viermal im Jahr Trennungshilfe an: »Wie Sie sich über das Vermögen Ihres Ex-Partners informieren können«. Charles und Diana haben die Scheidung auch ohne Lektüre dieses Organs geschafft, endlich, und Gerhard Schröder ließ seine Hillu im Stich, aber Hamburgs Erster Bürgermeister Henning Voscherau und Ehefrau Annerose feierten just Silberhochzeit: »Anzug und Brautkleid passen noch wie vor 25 Jahren.«

Die beiden hätten, statt fürs »Abendblatt« zu posieren, auch zur »Hochzeitsnacht« ins Palladium gehen können: Da wurde den Besuchern am Eingang ein Trauring geschenkt, mit dem man entweder den eigenen Partner noch einmal oder einen anderen, neuen ehelichen konnte. Allerdings: »Geburtstag wird lieber gefeiert als der Hochzeitstag«, wie eine Umfrage der Wickert-Institute ergab (nämlich von stolzen 93 versus bloß 69 Prozent der Befragten). Kaum ein Bereich im menschlichen Leben, der ähnlich von Widersprüchen überwuchert ist, in denen sich zwangsläufig auch jedes Nachdenken darüber verfängt. Schon Paulus, bekanntlich eher ehefeindlich gesonnen, mußte zähneknirschend zugeben, daß Freien für manche besser sei als Brunst leiden. Der katholische Kaplan darf seine Haushälterin trotzdem nicht heiraten, aber die Flensburger Pröpstin mit dem Doppelnamen – sie ist einundfünfzigjährig und bereits einmal geschieden – muß ihre »wilde Ehe« legalisieren, wenn sie mitsamt dem derzeitigen »Lebenspartner« ins Pastorat ziehen will.

Für die einen Inbegriff von Zwang und Entmündigung, für die anderen verlockend im Sinne anzustrebender Emanzipation: Zwar ist die »Verehelichung von Dienstboten, Tagelöhnern und sonstigen unvermöglichen Leuten« nicht mehr gesetzlich verboten (erst 1868 gelang es übrigens, durch Reichsgesetz für den Norddeutschen Bund die polizeilichen Beschränkungen der Eheschließung aufzuheben), aber auch in der aufgeklärten Gesellschaft gibt es Personengruppen, die um das Recht, eine Ehe eingehen zu dürfen, immer noch kämpfen. Daß manch eine/r jener Schwulen und Lesben, die am 19. August 1992 in einer bundesweiten Protestaktion auf die Standesämter zogen, inzwischen froh ist, diesmal noch davongekommen zu sein, mag zu den Widersprüchen zählen, die dem Thema innewohnen; so jedenfalls eine von mir um einen Beitrag gebetene Frau, die damals vergeblich ihr Aufgebot bestellte und sich infolgedessen leichter von der Gefährtin trennen konnte.

Auch andere Körbe kamen, teils nach ursprünglich begeisterten Zusagen, weil die betroffenen Ehen inzwischen in die Brüche gegangen waren. Pragmatisch und weise zugleich war daher die Absage von Adolf Muschg formuliert: Der (nur) 24-Stunden-Tag, den man für ihn (altershalber) eingeführt habe, gebe das gewünschte und verdienstliche Nachdenken über die Ehe nicht mehr her, wenn man gleichzeitig noch eine solche führen wolle, der Spur nach, so schrieb er.

Es mag mit diesen Widersprüchen, aber auch der Angst, die Glücksgötter durch allzu offene Bekundungen desselben dreist herauszufordern, zusammenhängen: Gerade auch bei Intellektuellen besteht eine tiefgreifende Scheu, sich zum (Ehe-)Glück öffentlich zu äußern, ja zu bekennen; so ist das Reden darüber vielleicht eines der letzten Tabus. Jan Philipp Reemtsma und Ann Kathrin Scheerer, als Literaturwissenschaftler und Ethnologin/Psychologin um einen Beitrag gebeten, lehnten mit einer Begründung ab, die auch für andere Absagen exemplarisch ist: »Es gibt für uns eine Grenze zwischen privat und öffentlich, die wir auch dann verletzen würden, wenn wir sie thematisierten.« Zu jener Zeit war noch nicht zu ahnen, daß

Jan Philipp Reemtsma ein halbes Jahr später in der Öffentlichkeit als »Fall« tituliert werden und sein Konterfei in einer Zeitungsserie mit dem Stempel »AUFGEKLÄRT« versehen würde – ob die unfreiwillige Komik in der Doppelbedeutung des Wortes die Schuld des publizistischen Voyeurismus lindert?

Es war sicher für alle Autoren, die es schließlich gewagt haben, zum Gelingen dieser Anthologie beizutragen, eine Herausforderung, der unterstellten Schau-Lust des Publikums auf die eine oder andere Weise zu begegnen. Manche Texte sind unverstellt autobiographisch und persönlich gehalten, lassen sich tapfer beim Worte nehmen und auf Ja oder Nein, Gedeih oder Verderb festlegen. Andere schlagen Haken, erfinden Tricks und Kniffe bei der Annäherung, wählen listige Formen des Umwegs und der Umschreibung – um vielleicht gerade dadurch doch ganz Persönliches aus dem Familien- und Seelenzustand ihrer Verfasser preiszugeben. So oder so, spannende Begegnungen ermöglichen alle.

Dieter Thomä, als professioneller Philosoph dialektisch geschult, eröffnet den Reigen, indem er die Widersprüche ums Heiraten auf den Punkt zuspitzt und die schlechten Gründe für die Ehe für gut, die guten Gründe hingegen für schlecht befindet. Nach solcherart PAAR=SPALTEREI – Basis oder auch Meta-Ebene für alles Folgende – kann das AUF=GEBOT bestellt werden: in Form von glossierenden Fragen bei Ingrid Noll, Ulrich Greiner und Henning Venske, in Form eines sehr persönlichen, liebe-vollen Briefwechsels von Madeleine Marti und Marianne Ulmi, in erzählerischer Gestalt von Gabriele Stötzer, Gabriele Wolff und Wilfried Rott. Dessen der Herzogin von Parma, Piacenza und Guastalla alias Marie Louise Bonaparte in den Mund gelegter Monolog entfaltet zugleich in nuce einen geschichtlichen Überblick über die in den letzten Jahrhunderten (auch) wirksamen Gründe zu heiraten, treffend auf die Dreierformel des »einmal mußte ich, einmal durfte ich, und jetzt will ich« gebracht. Den ambivalenten Gefühlen moderner Zeitgenossen – erst noch heiraten oder lieber gleich schon trennen? –, von denen Gabriele Wolffs Geschichte anschaulich zu erzählen weiß, geht Julian Schuttings Text mit Schiller auf den Grund.

Wer sich dadurch nicht abschrecken läßt, kann sodann zur HOCH=ZEIT schreiten. Daß mit dem Ja-Wort ein neues Ich gewinnt, wer das alte abzulegen bereit ist, daß auf dem Traualtar nichts Geringeres als die Liebe selbst geopfert wird, sind einige der Gedanken, die in Mirko Bonnés Poemkreis und Dorothea Dieckmanns Theaterszenen ihren zeitgemäß dichterischen Ausdruck finden. Aber HOCH=ZEIT meint nicht nur das metaphysische Versprechen auf ein »gemeinsames Drittes«, das größer als die Liebenden selber sei, HOCH=ZEIT zielt auch auf die materialistische Erfüllung all jener Sehnsüchte, denen Katrin de Vries' *Hure H* nachläuft: das weiße Kleid, Schuhe, Schleier und Täschchen. Jungmädchenträumen hatte auch Gabriele Stötzers *Prinzessin auf dem Vogelnest* nachgehangen; während die Autorin aus der ehemaligen DDR ihre »Heldin« aber in den Kontext einer – repressiven – gesellschaftlichen Umwelt stellt, aus der sie in pubertäre Omnipotenzphantasien flüchtet, erscheint die einsam agierende »Hure« als das passende Inbild jener Tag- (und Alp-)Träume, die der Kapitalismus für uns bereitstellt. Und doch: Es hätte auch alles ganz anders sein können und könnte noch anders sein! Carmen Korn und Martin Gros träumen den Hochzeitstraum jeweils noch einmal, Ulrich Holbein aber mag froh sein, daß es nicht seine eigene Hochzeit war, auf der er tanzte.

Bilder sind es, an die wir beim Thema »Heiraten« vorrangig denken, großartige und kleinliche, heitere und peinliche, kompromittierend künstliche und kitschige, aber auch beglückend glückliche und wahrhaftige. Interessanterweise aber wartet die Kunstgeschichte mit weit weniger Hochzeitsbildern auf, als man vermuten sollte. Mythologische Paare, laszive Venus und neckische Cupidos in Hülle und Fülle, das ja, statische Porträts von Herrschenden und ihren Frauen auch, aber Schnappschüsse vorm Traualtar? Fehlanzeige. Vielleicht noch die eine oder andere Hochzeit von Kanaan, natürlich Pieter Bruegels berühmte »Bauernhochzeit« und Anna Anchers eher unbekannte »Hochzeit in Skagen«, aber sie sind die Ausnahme, und so etwas wie Überschwang der Gefühle ist auch auf ihnen kaum zu finden. Bei Bruegel fehlt, damaligem flämischen Brauch entsprechend, der Bräutigam auf der Feier – wo mag er sich zwischenzeitlich herumgetrieben haben? Statt dessen genießen die lokalen Würdenträger die Abspeisung, mit der auch Anna Anchers Hochzeitsgäste befaßt sind – die strahlende Braut erscheint da nur als kleiner Farbtupfer am entgegengesetzten Ende der Tafel. Bei aller Farbenpracht: Es geht durchaus streng auf diesen Bildern zu, das Hochzeitsfest ordnet sich der bäuerlichen bzw. bürgerlichen Ordnung ein. Liebesleute sind die Brautleute nicht, eher schon Verbündete jener auf Zugewinn zielenden Gemeinschaft, die Quentin de Metsys 1514 so trefflich dargestellt hat: Der Pfandleiher zählt hingebungsvoll sein Geld, seine Frau schaut ihm dabei zu. Aber ihre Hände, die das vor ihr liegende Buch an genau jener Stelle aufgeschlagen halten, an der ein Bild der Muttergottes mit Kind zu sehen ist, verraten ihr eigentliches Begehren. (Daß ihre – nah beieinander liegenden – Hände genau die gleiche Krümmung und Haltung aufweisen wie die – voneinander entfernten – Hände des geldzählenden Mannes, sei auch noch bemerkt.)

Die Ehe gilt als Sakrament, HOCH=ZEIT beruht auf einem Versprechen, erfordert HIN=GABE: Anne Duden spürt sie in jenen Bildern auf, die von Mariae Verkündigung handeln. Es muß erschüttern, wie grenzenlos allein Maria in diesem ganz auf *das andere* (und den anderen) gerichteten Moment ist – so, wie sie es erst angesichts des Todes wieder sein wird.

Warum heiraten? Je nach Blickwinkel ist Heirat als *einmaliger* Akt oder als Dauerzustand gemeint, wenn nicht ewig, so doch zumindest länger während. ZUGEWINN=GEMEINSCHAFT aber erschöpft sich nicht im juristischen oder ökonomischen Sinne; das zeigen die Beiträge in diesem Kapitel auf vielfältige Weise. Interessant ist die häufigere Bezugnahme aufs Essen – Ulrich Greiner hatte den Zusammenhang zwischen Essen und Ehe ja bereits rhetorisch hergestellt – und speziell die mehrfache Erwähnung von Weihnachtsgänsen: bei Christian Geissler und Sabine Peters sowie bei Michael Naura; auch Walter Jens hatte sich übrigens im Gespräch auf den Besuch der polnischen Schwiegertochter und die von ihr zubereitete Weihnachtsgans gefreut, die Passage mußte des Umfangs halber leider der Kürzung zum Opfer fallen. Geräucherte Gänsebrust gibt's versöhnungshalber bei Schumachers zum Abendbrot; mit Saltimbocca à la romana bringt Hans Eppendorfer immerhin etwas Abwechslung und südliche Sinnlichkeit – »Spring in den Mund!« – ins Ehemenü. Aus der ZUGEWINN=GEMEINSCHAFT können mehr oder weniger heilige – und mehr oder weniger chaotische – Familien erwachsen: dieser »riskanten Lebensform« (Dieter Thomä) widmen sich Astrid Schumacher, Georg Klein und Carmen-Francesca Banciu. Das Chaos ist freilich auch ohne das Zutun von Kindern ansteckend, wofür Monika Köhler einstehen kann.

Warum heiraten? Niemand weiß vielleicht bessere Antworten als der Heiratsschwindler und der Ehebrecher. Warum es aber zwei männliche Autoren sind – Jürgen Alberts und Michael Koglin –, die vom HEIRATS=SCHWINDEL ausgehen, während die Autor*innen* Jutta Heinrich und Eva Demski das Single-Dasein, die Brüchigkeit, ja den buchstäblichen EHE=BRUCH preisen, mag hier dahingestellt sein.

»Fassen Sie sich ein Herz – es muß ja nicht das eigene sein!« fordert Ginka Steinwachs zu guter Letzt auf. Mit ihr schließt sich unser Hochzeitsreigen, beginnt ein GEWALTIGES LIEBES=GETÖSE von vorn – sagen wir: *da capo al fine!*

»Warum heiraten?
Ja, warum?
Warum heiraten?
Warum nicht?«

Manch eine oder einer der von mir Gefragten hat es spontan am Telefon formuliert, was Hellmuth Karasek derart feinsäuberlich/handschriftlich zu Papier brachte. Ja, warum nicht? Die Beiträge dieses Bandes gehen über das bloß schulterzukkende Fragen weit hinaus. So unterschiedlich sie das Thema ausleuchten, so verschiedenartige literarische Lösungen sie finden, eines ist ihnen gemeinsam: Sie formulieren Liebeserklärungen – an eine bestimmte Partnerin, wie es etwa Walter Jens, Uwe Herms und Michael Naura oder Hans Eppendorfer von ganz unterschiedlichen Warten aus machen, an eine Mutter, wie Carmen-Francesca Banciu, oder – und das ist das schönste und allen gemein: an das Leben mit all seinen Umwegen und Widersprüchen selbst.

Warum auch immer zweie heiraten, eines schickt sich doch für alle: »Auf jeden Fall so lange zusammenbleiben, bis es Spaß macht!« (Andreas Wang).

Dieter Thomä

Begründet heiraten? Philosophische Anmerkungen zur Ehe

> »Die Leute aufs Glatteis zu führen ist eine wenig humane Liebhaberei, die seit des Sokrates Tagen als typischer Zug im Charakterbilde des Philosophen bekannt ist.«
> Thomas Mann

> »Man heiratet nur, wenn man irgendeine Überraschung erwartet oder Gewinn, irgendeine Verbesserung. Na ja, immer nicht.«
> Javier Marías

Im Wirrsal der Liebe sind Thesen wünschenswert, die Ordnung schaffen. Damit kann ich dienen – jedenfalls im Hinblick auf ein Phänomen, das mal als Krönung der Liebe gepriesen, mal als deren Knechtung verworfen wird: die Rechtsform der Ehe. Ich lasse die Frage beiseite, warum zwei Menschen überhaupt als Paar zusammenleben wollen; statt dessen halte ich mich bloß an die Verrechtlichung dieser Art des Liebeslebens und biete hierzu zwei Thesen auf. Die erste: Die guten Gründe für die Ehe sind schlecht. Die zweite: Die schlechten Gründe für die Ehe sind gut. Thesen gehören begründet; ich beginne mit der zweiten, denn bei ihr fällt dies leicht.

I. Die schlechten Gründe für die Ehe sind gut

Schlechte Gründe – das sind solche, die man lieber hinter vorgehaltener Hand erzählt, Gründe, die zurückführen auf ein abschätziges Bild vom Menschen oder gespeist sind von einem Vorbehalt gegen überschwengliche Hoffnungen. Schlechte Gründe dieser Art empfehlen die Ehe insbesondere als *schnelles Geschäft* sowie als *langfristige Versicherung*.

Wenn die richtige Einkommenskonstellation vorliegt, können zwei Menschen gegen eine geringe Gebühr, die an den Staat (in Gestalt des Standesamtes) entrichtet wird, dem Staat (in Gestalt des Finanzamts) eine beachtliche Geldsumme vorenthalten. Dieser Gewinn ist absolut legal und fällt zuverlässig jeden Monat an. Großzügigerweise ist er auch an keinerlei Vorleistungen geknüpft; die Ehegewinnler müssen zum Beispiel nicht erst noch mühsam ein Kind in die Welt setzen, um in den Genuß ihrer Steuervergünstigung zu kommen.

Natürlich ist das *schnelle Geschäft* ein schlechter Grund zu heiraten. Kaum jemand würde gerne zugeben, daß sein Bund fürs Leben ein Bund fürs Geld ist. Aber sicher ist dieser schlechte Grund für die Ehe außerordentlich gut begründet. Gegen Geld, das auf derart harmlose Art zu beschaffen ist, läßt sich beim besten Willen kein Einwand erheben.

Das Gute bleibt weiterhin außer Sicht, wenn man sich dem nächsten schlechten Grund für die Ehe zuwendet. Sie kann nämlich auch als *langfristige Versicherung* dienen, als Schutz für den Fall, daß die Beziehung scheitert. Dann basiert die Ehe auf einer vorsorglichen Unterstellung über die Unzuverlässigkeit, Treulosigkeit oder gar Heimtücke von Menschen im allgemeinen, vormals Liebenden im besonderen.

Nehmen wir den Fall (der häufig vorkommt), daß eine Frau ihre berufliche Entfaltung um der Kindererziehung willen zurückstellt und mit dem Kindesvater in unehelicher Lebensgemeinschaft zusammenlebt. Ihre finanziellen Ansprüche sind – *wenn es schiefgeht* – ungleich geringer als bei einer ehelichen Verbindung; der Vater ist zwar gegenüber dem Kind, nicht aber gegenüber der Mutter zahlungspflichtig. – Und man weiß nicht, ob er freiwillig die gebotene Großzügigkeit walten lassen wird.

Nehmen wir den Fall (der selten vorkommt), daß ein Mann mit der Mutter seiner Kinder ohne Trauschein zusammenlebt und sich zwar rührend um die Kinder, aber nicht ganz so liebevoll um die Frau kümmert und am Ende von ihr verlassen wird. Sein Anspruch auf die Kinder ist – *wenn es schiefgeht* – ungleich schwächer als bei einer ehelichen Verbindung. Da er nicht schon wie jeder eheliche Vater über ein gesetzliches Sorgerecht verfügt, ist er in besonderem Maße auf das Entgegenkommen der Mutter angewiesen. – Und man weiß nicht, ob die

Mutter großes Verständnis für die Wünsche des verlassenen Mannes hat.

Es gibt keinen vernünftigen Zweifel daran, daß in diesen Fällen die Ehe hilfreich ist, daß denjenigen, die ihr Vertrauen in die Liebe setzen und keinen Bedarf nach rechtlichen Regelungen anmelden, gelegentlich ein böses Erwachen droht. So ist die Ehe als Versicherung gegen solche Krisen zweifellos gut begründet. Sie ist freilich nur nötig, wenn Menschen im Krisenfall nicht mehr so freundlich und verständnisvoll miteinander umgehen, wie sie dies als Verliebte selbstverständlich tun. Was also die Menschen vor den Standesbeamten treibt, ist paradoxerweise der Verdacht, daß im anderen, den man doch liebt, ein Potential zur Infamie steckt. Im großen Jawort versteckt sich ein kleines Neinwort, es ist ein Vorspiel auf den Abgesang. Der Sinn der Ehe erfüllt sich in der Scheidung. So wird das Scheitern der romantischen Idee vollkommener Liebe besiegelt, die Ehe basiert auf dem Zweifel am anderen, nicht darauf, daß er über allen Zweifel erhaben ist. Dieser Zweifel ist ein schlechter Grund für die Ehe, der doch gut begründet ist.

Es gibt noch eine zugleich edlere und traurigere Variante dieses schlechten Grundes: Demnach schließt man die Ehe im Vorblick auf den Tod. Nehmen wir an, Erbschleicher seien nicht im Spiel, und nehmen wir weiter an, jemand, der den Tod nahen sieht (und er ist immer ziemlich nah), wollte einen geliebten Menschen als Erben einsetzen: Dann ist die Ehe oft die einzige Möglichkeit, um Komplikationen zu vermeiden, sie bietet sich an als Vorsorge für den Todesfall (so sehen die Homosexuellen auch eine Diskriminierung darin, nicht heiraten zu können). Doch bleibt es beschwerlich, den heutigen Weg zum Standesamt mit dem morgigen Weg zum Friedhof zu begründen. Weiterhin grassiert deshalb die Hoffnung, schon im Leben vor dem Tod sei etwas zu entdecken, was, ohne despektierlich oder desperat zu sein, für die Ehe spricht.

Die geistige Situation der Ehe wirkt vorerst befremdlich: Zwar finden sich überzeugende Gründe, die für den Eintritt in den Stand der Ehe sprechen; doch diese Gründe sind schlechte Gründe, solche, die mit der Begeisterung, mit der der Bund fürs Leben gewöhnlich geschlossen wird, nicht zu vereinen sind. Sicherlich wäre es schöner, wenn sich gute Gründe für die Ehe finden ließen, die auch noch gut begründet wären. Die Zweifel an solchen Gründen werden im nächsten Abschnitt genährt.

II. Die guten Gründe für die Ehe sind schlecht

Die guten Gründe für die Ehe suchen in ihr nicht den Schutz vor Bosheit, nutzen sie nicht bloß als Hilfe zur Bereicherung, favorisieren sie nicht nur im Blick auf ihr Ende – und sei dies der Tod. Ihr Zweck soll sich auch nicht nur darin erschöpfen, die gemeinsame Auswanderung zu erleichtern oder einem ausländischen Partner die Aufenthaltsgenehmigung zu verschaffen. Die Ehe soll – kurz gesagt – nicht im Dienst eines Hintergedankens stehen, sondern als in sich wertvolles Ziel wohlbegründet sein.

Um das ›Gefühl‹ wird man kaum herumkommen, wenn man sich mit der Ehe als Bereicherung der Zweisamkeit befaßt. Es gab Zeiten, da wunderte sich kaum einer über den Ausspruch des Hieronymus (4. Jh. n. Chr.): »Ehebrecherisch ist auch die allzu brennende Liebe für die eigene Frau« – auch nicht über Benedictis Kommentar zu dieser Stelle aus dem 16. Jahrhundert: »Der Mann, der sich von übermäßiger Liebe hinreißen läßt und seine Frau so leidenschaftlich bestürmt, um seine Begierde zu befrieden, als wäre sie gar nicht seine Frau und er wollte dennoch Verkehr mit ihr haben, der sündigt«. Heutzutage ist jedoch die Vereinigung von Ökonomie und Eros, Haushaltsführung und Liebesspiel als Standard etabliert. Hegel mußte dies bereits – wenn auch unwillig – einsehen: »In den modernen Zeiten wird (...) der subjektive Ausgangspunkt, das *Verliebtsein*, als der allein wichtige angesehen. Man stellt sich hier vor, jeder müsse warten, bis seine Stunde geschlagen hat, und man könne nur einem bestimmten Individuum seine Liebe schenken.« Die Nachfrage dazu lautet dann: Was treibt zum Schritt von der Liebe zur Ehe?

Man kann sich nur schlecht entscheiden, jemanden von jetzt an zu lieben. Wohl aber kann man sich für die Ehe entscheiden. Der Entschluß tritt zur Neigung hinzu, man läßt sich nicht nur auf jemanden ein, sondern beschließt auch noch, zu ihm zu halten. Die Ehe steht für die Absicht, eine Zweisamkeit zur Dauereinrichtung zu machen. Sie ist nichts Halbes, sondern etwas Ganzes: Zwei Menschen tun sich von *ganzem Herzen* zusammen, und sie behaupten zudem, einen Bund für das *ganze Leben* zu schließen; Kierkegaard, der ehelose Verfechter der Ehe, sah in ihr deshalb die Stifterin einer »inneren Geschichte«.

Wer so weitsichtig über den Tag hinaus auf das ganze Leben hinausblickt, macht sein Gefühl regelungsfähig, macht seine Liebe rechtsfähig. Seit dem 18. Jahrhundert nutzt der Staat dies für seinen Einsatz, seitdem obliegt ihm die Zuständigkeit für die Regelung der Ehe. Meinen Verdacht, daß es für diese eheliche Verrechtlichung der Zweisamkeit eher schlechte Gründe gibt, werde ich zunächst an Kants Plädoyer für die Ehe als Vertrag (1), dann an Hegels Idee der Ehe als Gemeinschaft (2) erproben, um schließlich mit Kant und Hegel gegen Kant und Hegel zu denken (3).

(1) Kant oder Die Ehe als Vertrag. Immanuel Kant schreibt in der »Metaphysik der Sitten«: »Der natürliche Gebrauch, den ein Geschlecht von den Geschlechtsorganen des anderen macht, ist ein *Genuß*, zu dem sich ein Teil dem anderen hingibt. In diesem Akt macht sich ein Mensch selbst zur Sache, welches dem Rechte der Menschheit an seiner eigenen Person widerstreitet. Nur unter der einzigen Bedingung ist dieses möglich, daß, indem die eine Person von der anderen, *gleich als Sache*, erworben wird, diese gegenseitig wiederum jene erwerbe; denn so gewinnt sie wiederum sich selbst und stellt ihre Persönlichkeit wieder her. Es ist aber der Erwerb eines Gliedmaßes am Menschen zugleich Erwerbung der ganzen Person – weil diese eine absolute Einheit ist –; folglich ist die Hingebung und Annehmung eines Geschlechts zum Genuß des andern nicht allein unter der Bedingung der Ehe zulässig, sondern auch *allein* unter derselben möglich.« Die Ehe ist nach Kants Definition ein »durchs Gesetz der Menschheit notwendiger Vertrag«, durch den die »Verbindung zweier Personen verschiedenen Geschlechts zum lebenswierigen wechselseitigen Besitz ihrer Geschlechtseigenschaften« allein zulässig wird.

Bei Kant wirkt die theologische Vorstellung nach, daß Mann und Frau die sexuelle Aktivität als wechselseitige Pflicht zu erledigen haben. In Paulus' Brief an die Korinther findet sich die einschlägige Anweisung: »Der Mann leiste seiner Frau die schuldige Pflicht, ebenso aber auch die Frau dem Manne. Die

Frau hat kein Verfügungsrecht über ihren Leib, sondern der Mann; ebensowenig hat der Mann ein Verfügungsrecht über seinen Leib, sondern die Frau.« Der Familienforscher Jean-Louis Flandrin schreibt hierzu erläuternd: »In den Abhandlungen zur Moraltheologie (...) findet man alles, was mit Sexualität zu tun hat, unter dem Titel ›Debitum‹ – ›Schuld‹ oder ›Pflicht‹. Konkret stellte man sich vor, daß es in den alltäglichen Beziehungen erst dann zum geschlechtlichen Kontakt kam, wenn einer der Gatten vom anderen die Erfüllung der Pflicht verlangte und dieser sie auch erfüllte.«

Die Notwendigkeit, wonach die Natur gelegentlich zum Zuge kommen muß, wird von Kant nun freilich radikal umgedeutet und in eine bewußte Verpflichtung verwandelt. Er meint, Menschen sollten einander nicht so behandeln wie Sachen, und sieht den Respekt vor der anderen Person verletzt, wenn Menschen ohne bewußten, gewollten Eheschluß geschlechtlich verkehren. Wer ehelos der Lust frönt, gerät auf den Irrweg wilder Natürlichkeit. Gegen dieses verdachtsweise tierische Leben hilft nach Kant allein die vernünftige Verfügung einer Person über ihr ganzes Leben. In »Entweder / Oder« wird Kierkegaard diese Idee aufgreifen und sagen: »Der Vorsatz macht das Individuum frei (...); denn im Vorsatz ist nicht allein die Aufmerksamkeit auf die Umwelt gerichtet, sondern der Wille ist gerichtet auf sich selbst, auf das Inwendige.«

Kant schlägt also eine Brücke zwischen der Freiheit, dem wechselseitigen Respekt einerseits und dem konkreten sexuellen Umgang zwischen Menschen andererseits – eine lange und brüchige Brücke, der er den Namen Ehe gibt. Sie ist für ihn ein Zeichen der Erhabenheit, in dem ein Mensch durch einen vernünftigen Entschluß seinen ganzen Lebenslauf umgreift und sich mit einem anderen unbeirrbar zusammenschließt. Zugleich ist die Ehe auch die Fessel, mit der Kant die Sexualitäts-Gewinnler seiner Zeit (die Männer) in soziale Spielregeln einbinden will – wobei man darüber streiten kann, ob er sich gegen die Ausnutzung der Frauen wendet oder nur darauf achtet, daß das Vernunftwesen sich nicht unter seinem Niveau betätigt.

Als Vertrag soll die Ehe zwischen zwei Menschen für alle Zukunft besiegelt sein. Dabei kann Kant freilich nicht ausschließen, daß die Sinnlichkeitslieferanten, die sich in der Ehe zusammentun, gelegentlich auf Abwege geraten. Wenn »eines der Eheleute sich verlaufen« hat zu einem Dritten, so ist der Verlassene nach Kant dazu berechtigt, ihn »in seine Gewalt zurückzubringen«. Die rechtliche Verbindlichkeit, mit der sich die Ehe als vertragliche Beziehung hervortun will, gestattet also den Gewaltakt. So ist es am Ende höchst zweifelhaft, ob die Ehe als Zeichen erhabener Freiheit, als Lebensform gegenseitiger Achtung taugt, ob also Kants gute Gründe für die Ehe auch gut begründet sind. Kant spart die Freiheit auf für einen verbindlichen Entschluß, in dem man sein Leben restlos in den Griff bekommt; durch diese Verfügung über das ganze Leben zerstört er die Freiheit, mit der man Tag für Tag das Leben lebt, die Freiheit, die im alltäglichen Lebenswandel zwischen Menschen in Anspruch genommen wird.

Franz Blei hat in seinem 1928 erschienenen »Lehrbuch der Liebe und Ehe« eine schöne Beschreibung für das Lustmonopol der Ehe gegeben: »Alle Institutionen, die sie sich in Staat und Gesellschaft gegeben haben, sind wenig freundlich den menschlichen Vergnügen gegenüber, außer in dem einen Falle, wo die Gesellschaft die Liebe anerkennt und mit den heute etwas komisch gewordenen Formalien als Zeichen dieser Approbation begleitet. Welche Approbation die Liebespaare dennoch immer wieder suchen, weil sie, wie es scheint, erfreut und erschüttert sind, daß ihnen nun die ganze große Gesellschaft alles erlaubt und sie dazu anfeuert, was sie sonst verbietet.«

Ein schwaches Echo auf Kants Idee der Ehe als Vertrag findet sich noch heute im »Bürgerlichen Gesetzbuch«. Freilich sind dessen Autoren vor der kantischen Konsequenz zurückgeschreckt, wonach die Ehepartner die Einhaltung der Ehe erzwingen dürfen; die kläglichen Überreste der kantischen Vertragsidee sind dann in einem Paragraphen aufbewahrt, in dem sich Pflichtgesetz und Lustprinzip ein kurioses Stelldichein geben:

»§ 1353 (1) Die Ehe wird auf Lebenszeit geschlossen. Die Ehegatten sind einander zur ehelichen Lebensgemeinschaft verpflichtet. (2) Ein Ehegatte ist nicht verpflichtet, dem Verlangen des anderen Ehegatten nach Herstellung der Gemeinschaft Folge zu leisten, (. . .) wenn die Ehe gescheitert ist.«

Dieser Paragraph enthält ein Paradox. Die erste Regel lautet: Die Ehegatten sind zur Einhaltung der Ehe verpflichtet. Die zweite Regel lautet: Regel eins gilt nur, wenn man es sich nicht doch anders überlegt. Wer seine Ehe für gescheitert hält, ist von der Pflicht zur »ehelichen Lebensgemeinschaft« entbunden. In der Verkleidung eines Gebots enthält § 1353 einen Freibrief: Du sollst das Eheleben fortführen – aber nur, wenn du willst. Wenn dieser Wille verlorengeht, kann der andere doch nicht darauf pochen, daß die Ehe vollzogen wird. Der frei eingegangene Bund der Ehe bleibt widerrufbar – im Namen der Freiheit selbst. So verliert sich die freie Verpflichtung, die in der vertraglichen Bindung festgeschrieben wird, und es ist weiterhin rätselhaft, was die Ehe als Rechtsform zur Bereicherung oder Festigung der Zweisamkeit beitragen soll. Sie bleibt – kurz gesagt – schlecht begründet.

(2) Hegel oder Die Ehe als Gemeinschaft. In den »Grundlinien zur Philosophie des Rechts« sagt Hegel: »Unter den Begriff vom Vertrag kann (...) die *Ehe* nicht subsumiert werden; diese Subsumtion (wird) in ihrer – Schändlichkeit, muß man sagen, bei *Kant* (...) aufgestellt.« Hegel hält es für »roh«, die Ehe »bloß als einen bürgerlichen Kontrakt zu begreifen«, sie »zur Form eines gegenseitigen vertragsmäßigen Gebrauchs« herabzuwürdigen. Er kämpft aber nicht nur gegen Kant, sondern auch gegen Gegner, die umgekehrt »die Ehe nur in die Liebe setzen«. Diese Gegner heißen Friedrich Schlegel und Friedrich Schleiermacher, ihre Programmschriften »Lucinde« und »Vertraute Briefe über Friedrich Schlegels ›Lucinde‹«. Nach Hegel setzen die Romantiker gegen die kantische Verrechtlichung eine reine Versinnlichung, mit der »die Zeremonie der Schließung der Ehe überflüssig« wird. Was bleibt, ist eine Liebe, die als »Empfindung« der »Zufälligkeit in jeder Rücksicht« haltlos ausgesetzt ist.

Hegel sucht einen Weg zwischen zwei Extremen, welche er für gleichermaßen falsch hält. Dieser Weg heißt »Sittlichkeit«. Für die »sittliche« Persönlichkeit ist der »Gegensatz« zu den äußerlichen Pflichten, die ihr auferlegt werden, »verschwunden«; diese »Subjektivität« ist selbst die »existierende Wirklichkeit« von Überzeugungen und Haltungen, nicht bloß der Hort individueller »Willkür« oder »atomistischer« Interessen. Für Hegel liegen diese Überwindung des Gefühls und diese Vereinnahmung der Pflichten in der Logik des menschlichen Lebens, und die Ehe ist hierfür als Lebensform erste Wahl. Sie kommt aus der »Natürlichkeit und Subjektivität«, aus der »ungeteilten« und »freien Hingebung« und führt schließlich in das »Zutrauen«, in die »Gemeinsamkeit der ganzen individuellen Existenz«. In Hegels Ehe-Emphase steckt ein ziemlich vertrautes Plädoyer. Er hält es für erstrebenswert, sich über den Tag hinaus zusammenzutun, er meint, die Vereinigung zweier Menschen gehöre zur Vollendung der Menschlichkeit hinzu. So geht es bei Hegel nicht nur – wie bei Kant – um die einsame Entschlossenheit zur lebenslänglichen Bindung, sondern um die Besiegelung der Zweisamkeit.

Ein reizvolles Echo auf Hegel, aber auch auf Kant findet sich in Thomas Manns Essay über »Die Ehe im Übergang« (erschienen 1925 zusammen mit Beiträgen von »führenden Zeitgenossen« wie Ricarda Huch, Jacob Wassermann, Rabindranath Tagore, Leo Baeck in einem noch heute aufschlußreichen »Ehe-Buch«, herausgegeben vom Grafen Keyserling). Thomas Mann hält Kants Idee der Ehe als Vertrag für »greulich junggesellenhaft« und folgt Hegels »überaus schönen Bestimmungen« der Ehe als »Selbstbewußtwerden der Gemeinschaft«: »Diese ›lebensgutwillige Bravheit‹ zum Abenteuer im Wirklichen, zur ›menschlichen Unternehmung‹, zur gründenden Verwirklichung des Gefühls und des Traumes im Leben ist die psychologische Formel aller Sittlichkeit und Sozialität – die Gegenformel zu jenem metaphysischen Individualismus, der als Auflösung der sittlichen Lebensform, als orgiastische Befreiung davon zu begreifen ist, und dem erotisch die ästhetisierend-sterile Knabenliebe entspricht.«

Ich will mich hier nicht damit aufhalten, daß das biographische Dilemma, das Thomas Mann auszuhalten hatte, für Hegels Sittlichkeit schwer erträglich gewesen wäre; mich interessiert eine Bemerkung, die sich bei Thomas Mann eher beiläufig findet. Sie lautet: »Hegel ist zart genug, die Ehe kaum als ein Rechtsverhältnis zu betrachten, solange sie währt.« Daß das Rechtsverhältnis für den Fall des Scheiterns nützlich sein kann, ist unstrittig: Dies gehört – nach meiner Einteilung – zu den schlechten Gründen für die Ehe, welche gut begründet sind. Bei Thomas Mann klingt es nun aber so, daß sich für die gelingende Ehe als Gemeinschaft die Rechtsform geradezu erübrigt. Dann aber fände sich bei Hegel gar kein guter Grund für die Ehe mehr, der auch noch gut begründet wäre.

In jungen Jahren hatte Hegel in der Tat noch bemerkt: »Personenrecht schließt sich schon durch seinen Namen von der Liebe als ein ihr abscheulicher Dienst aus.« Später aber beharrte er doch auf der rechtlichen Bindung: »Die feierliche Erklärung der Einwilligung zum sittlichen Bande der Ehe und die entsprechende Anerkennung und Bestätigung desselben durch die Familie und Gemeinde (...) macht die förmliche *Schließung* und *Wirklichkeit* der Ehe aus, so daß diese Verbindung nur durch das *Vorangehen* dieser Zeremonie (...) als sittlich konstituiert ist.« Zum »Schließen der Ehe« gehört eine »Feierlichkeit, wodurch das Wesen dieser Verbindung als ein über das *Zufällige* der Empfindung und *besonderer Neigung* erhabenes Sittliches ausgesprochen und konstatiert wird«.

Daß die Gemeinde die Ehe »bestätigt«, ist nicht nur ein Akt freundlicher Anteilnahme, sondern eine Anerkennung, in der Hegel auch den gesetzlichen Zugriff des Staates verankert. So meint er zwar, daß die Ehe aufgrund der Unvollkommenheit des Menschen »die Möglichkeit der Auflösung in sich« trage, er beharrt aber darauf, daß »die Gesetzgebungen (...) diese Möglichkeit aufs höchste erschweren und das Recht der Sittlichkeit gegen das Belieben aufrechterhalten« sollten. Dieser staatliche Kampf gegen die Scheidung wird dann zum Kampf gegen denjenigen, der aus dem Bund der Ehe auszubrechen sucht.

Hegel beharrt – wie Kant und anders als die Romantiker – auf der Rechtsform der Ehe. Doch die Paarspalterei, wonach sich Individuen wechselseitig zu sexuellen Dienstleistungen verpflichten, erscheint ihm künstlich. Die Ehe besteht, so meint er, in der »Einwilligung der Personen, und zwar dazu, *eine Person auszumachen*, ihre natürliche und einzelne Persönlichkeit in jener Einheit aufzugeben, welche (...) ihre Befreiung ist«. In dieser »Einigkeit« und »Gemeinsamkeit«, die Hegel feiert, geht freilich die rechtliche Dimension der Ehe zugrunde, auf die er es abgesehen hat. Wenn es in der Ehe nämlich nur noch »eine Person« gibt, dann sind getrennte Individuen, die sich ihrer rechtlichen Bindung erfreuen könnten, gar nicht mehr aufzufinden. – Und wenn sich umgekehrt die Ehe zersetzt, wenn die *eine* Person wieder in *zwei* Personen zerfallen ist, dann ist nicht einzusehen, welches Rechtsmittel die Individuen zur Wiederherstellung ihrer Einheit zwingen kann. Am Ende wendet sich das Paar vom Gesetz ab.

(3) Mit Kant und Hegel gegen Kant und Hegel denken. Weder Kant noch Hegel können deutlich machen, wie die Rechtsform der Ehe der Lebensform des Paares eine zusätzliche Qualität, einen stärkeren Glanz verleihen könnte. Und doch ist ihr Scheitern lehrreich. Mit ihrer Hilfe läßt sich nämlich ein Motiv aufdecken, das viele Paare zur Ehe treibt – ein Motiv, das auf einem nicht ganz unsympathischen Mißverständnis beruht.

Dieses Mißverständnis wird erkennbar, wenn man nochmals auf Kants Idee der Vertragsehe zurückgeht. Ein Vertrag besteht – so lehrt Kant – aus zwei Elementen: Zum einen muß es zwei Personen geben, die bereit sind, sich gegenseitig zu etwas zu verpflichten, die also bereit sind, ein »Versprechen« abzugeben (daran hält sich auch noch das »Bürgerliche Gesetzbuch«, §§ 328 ff.). Zum anderen muß es eine Instanz geben, die über die Einhaltung dieser Versprechen wacht. Auf sie kann man sich gegebenenfalls berufen, um seine Ansprüche mit »Zwangsmitteln«, wie Kant sagt, durchzusetzen.

Das erste Element steckt – als Versprechen, gemeinsam durchs Leben zu gehen – auch in der Ehe. Das zweite Element – die Instanz, mit deren Hilfe man die Einhaltung eines Vertrags erzwingen kann – paßt zur Ehe nicht. So bleibt also, mit Kant gegen Kant gedacht, die recht- und staatenlose Idee der Bekräftigung eines Versprechens.

Mögen auch viele Partnerschaften heutzutage *objektiv* Lebensabschnittsgemeinschaften sein, so heißt dies doch noch lange nicht, daß sie *subjektiv* mit dem Vorsatz angetreten werden, nur begrenzte Zeit anzudauern. Zwar hat sich kaum einer derart im Griff, daß er über den Vorsatz, mit einem anderen sein Leben zu teilen, schlechthin verfügen und für seine hartnäckige Zuneigung »lebenswierig« (Kant) garantieren könnte. Man kann auch nicht für Shakespeares Wunsch »Stündlich werde Lust zuteil Euch« die Verwirklichung sicherstellen. Beim Versprechen sind solche Garantien aber auch gar nicht erforderlich. Es genügt, wenn in dem Moment, da man es abgibt, nichts gegen dessen Einhaltung spricht. Das Versprechen – es gipfelt vielleicht in dem Satz »Ich will mit dir alt werden« – hat nach seiner eigenen Logik kein Verfallsdatum: Zwar mag es dazu kommen, daß man es bricht, aber man weiß nicht schon heute, wann dieser Bruch eintritt – und ob er überhaupt eintritt. Deshalb ist übrigens Goethes reizendes Gedankenspiel aus den »Wahlverwandtschaften« am Ende unsinnig, eine Ehe auf Zeit zu schließen (bei ihm waren fünf Jahre, bei Nietzsche später zwei Jahre vorgesehen).

In dem Versprechen mit seinem großzügigen Ausgriff auf die Zukunft steckt etwas Unheimliches. Man entdeckt es in dem Ausspruch Woldemars aus Tiecks »Sternbald«-Roman, der am Tag vor seiner Hochzeit einem Wanderer zuruft: »Wie wohl ist dir, daß du dein ungewisses Glück noch suchest! Ich habe es gefunden!« Manche mögen dieses lebenslängliche Glück für lebensfremd halten und beschließen, sich vor dem Versprechen, dieser heiklen Übertreibung, die man einem anderen Menschen widmet, zu hüten. Andere halten dieses Versprechen für eine wunderliche, aber reizvolle Spekulation, die man mit der Zweisamkeit anstellt und auf dessen Erprobung man Tag für Tag gespannt sein kann.

Als Versprechender lebt man über seine Verhältnisse. Juristisch heißt dies: Die Sache, für die man einsteht, hat man gar nicht ganz in seiner Gewalt. So ist es rechtlich zweifelhaft, ob man sich in Liebesdingen überhaupt auf Verbindlichkeiten einlassen darf (das Gesetz warnt vor einem »Mangel im Rechte« an der Sache, über die man eine Vereinbarung trifft; BGB § 523). Wer sich vertraglich zur Ehe verpflichtet, macht windige Rechtsgeschäfte. Statt seine Vorsätze für alle Zukunft festlegen zu wollen, sollte man sich – fern von rechtlicher Haftbarmachung – mit einem Versprechen begnügen. Zu ihm kann die staatliche Regelung der Ehe nichts beitragen.

Manche mögen sich vielleicht einreden, daß durch einen Rechtsakt das Versprechen ernsthafter, gewichtiger wird, daß der Bruch erschwert wird. Doch er lenkt eher ab von denjenigen, die etwas versprechen und auf deren Bewährung es allein ankommt. Freilich hängt deren Glaubwürdigkeit auch nicht nur von der bloßen Innerlichkeit, der reinen Seele ab. Das Versprechen, mit dem Rauchen aufzuhören, läßt sich leicht brechen, wenn man es im stillen Kämmerlein – und nicht im Kreise der Freunde und Kollegen – abgibt. Durch die Umstände, die beim *Eingehen* eines Verbrechens * bestehen, kann dessen *Bruch* erschwert werden. Und wenn zur Zweisamkeit –

* Anm. d. Hrsg.: Natürlich meinte der Autor hier *Versprechen*; ich fand den Versprecher so hübsch, daß ich ihn nicht korrigieren mochte. R. V.

mit Kant gegen Kant – ein Versprechen paßt, bei dem der Rechtsakt ausfällt, so gehören dazu bestimmte Umstände, denen man – mit Hegel gegen Hegel – auf die Spur kommt.

Mit Hegel könnte man sagen, daß in der Heirat der Wunsch steckt, daß das Innere im Äußeren seine Spuren hinterläßt. Statt sich immer nur in den eigenen vier Wänden, in der Hitze der Nacht die Liebe zu beteuern, tritt man an die Öffentlichkeit und zeigt: Wir gehören zusammen. Wer vor diesem Schritt zaudert, muß – folgt man dieser Logik – mit dem Vorwurf seines Partners rechnen, er stünde doch nicht wirklich zu ihm. Ein berüchtigtes Beispiel für dieses Zaudern ist die jahrzehntelange Verlobung Grillparzers mit Kati Fröhlich, die vergeblich auf die Ehe wartete.

Mir scheint, daß das, was Hegel Ehe nennt, nicht nur für die gesetzliche Ordnung steht, sondern auch für eine öffentliche Bekundung der Zweisamkeit. *Auch* deshalb spricht er vom »Aussprechen«, von der »feierlichen Erklärung« des Paares, von der »Anerkennung und Bestätigung durch die Familie und Gemeinde«. Diese Ehe soll ein Versprechen vor Zeugen sein, keine intime Heimlichtuerei.

Wenn man so weit mit Hegel mitgeht, bleibt freilich gegen Hegel rätselhaft, warum Staat und Gesetz mit dieser Prozedur befaßt sein sollen. Für das öffentliche Versprechen liefert der Staat im Standesamt eine eher kuriose Inszenierung. Philippe Ariès erinnert an ein Gegenmodell dazu: die adlige Hochzeit im frühen Mittelalter, die sich ihrerseits an römischen Vorbildern orientierte. »Sie findet zu Hause statt, allerdings im Rahmen einer (beschränkten und, wie wir heute sagen, weltlichen) Öffentlichkeit, denn die Gatten und ihre Eltern sind von Zuschauern umgeben, die ihnen *Beifall spenden* und durch ihre Anwesenheit die Handlung und die Zustimmung der Gemeinschaft zu ihr beglaubigen.«

Viele schätzen die Privatheit der Liebe als Emanzipation von familiären und ständischen Einflüssen. Vielen käme es auch befremdlich vor, wenn an die Stelle der staatlichen Eheschließung wieder ein gemeinschaftliches Ehezeremoniell träte, in dem ein Paar seine Zusammengehörigkeit feierte. In modernen Gesellschaften haben nichtstaatliche Zeremonielle etwas Fremdartiges. Vielleicht kommt es auch weniger auf das Zeremoniell an als darauf, daß zwei Menschen alltäglich ihre Zusammengehörigkeit demonstrieren, ihr gegenseitiges Versprechen ausleben.

Manch einer findet dies vielleicht weiterhin unzureichend und meint, daß eine Ehe, nach Recht und Gesetz geschlossen, doch gerade auch als Versprechen wertvoller wäre. Was wäre dann aber der letzte Grund, den dieser Verfechter der Ehe als Aufwertung der Zweisamkeit noch aufbieten könnte? Es wäre doch nur wieder ein schlechter.

Er würde darauf hinweisen, daß zwei Menschen, die heiraten, offensichtlich nicht ernsthaft das Risiko fürchten, in eine aufwendige und unerquickliche Scheidungsprozedur hineinzugeraten. In der Heirat sieht er also vor allem ein Signal der Beteiligten, daß ihnen der Gedanke an Scheidung fernsteht. So kann er dann den ernsthaften Willen zur Zweisamkeit, die Intensität der Beziehungsbereitschaft an der Unerschrockenheit messen, mit der zwei Menschen sich die Möglichkeit der Scheidung einhandeln.

Es könnte sein, daß es um eine Liebe, die einen solchen Gradmesser braucht, gar nicht so gut bestellt ist.

Henning Venske

Warum heiraten?

Wer fragt das?
Ein Quicky-erfahrenes Girlie in der Disco auf Mallorca?
Eine Geschiedene, froh, raus zu sein aus dem Schlamassel?
Ein Gatte nach hastig absolviertem Bordellbesuch?
Ein Witwer, endlich mit eigener Satellitenantenne?
Eine Mörderin beim Abwaschen des Brotmessers?
Ein onanierender Egoist vor seinem Spiegelbild?
Ein Single nach der Nachtschicht, am Kakaoautomaten?
Eine Steuerberaterin, ihre Kontoauszüge sortierend?
Ein Gefängnisinsasse in seiner heimeligen Zelle?
Ein Genforscher vor dem Kühlschrank der Samenbank?
Ein junges Paar, streitend vor einem Möbelgeschäft?
Ein Kind? Männlich oder weiblich? Wie alt? Aus welchem
Milieu?
Ein einzelliges Lebewesen?

Ich habe mich das nie gefragt.
Wir waren, denke ich, auf einer Wellenlänge.
Humorvoll, gute Figur, nicht blöd: irgendwie mein Typ.
Und andersrum bin ich schließlich auch nicht.
Trotz war dabei. Widerstand gegen die Eltern.
Dann die Sicherheit zu wissen, wohin man gehört.
Außerdem will niemand im Alter allein sein.
Und mein ausgeprägter Familiensinn. Die Ordnung.
Auch erforderte das Gerede um uns klare Verhältnisse.
Besitzerstolz kam dazu: Festhalten!
Beim Antrag konnte ich einfach nicht »nein« sagen.
Mitleid war's nicht. Aber ein Gefühl für Anstand.
Schließlich waren wir damals schwanger.
Da blieb uns gar keine andere Wahl.

Wenn du's genau wissen willst, frag
einen Pflegefall, zu Hause versorgt. Oder
einen armen Hund vor einer Villa mit vielen Fenstern. Oder
eine Einsame mit Existenzängsten. Oder
einen Liebhaber regelmäßiger Mahlzeiten. Oder
ein Kaffeekränzchen in der Provinz. Oder
eine Hinterbliebene mit Beamtenpension. Oder
einen Blaublütigen mit Stammhalterzwang. Oder
einen in diesem Metier tätigen Schwindler. Oder
eine Trauernde mit der Urne im Arm. Oder
einen Priester, am besten einen aus dem Zölibat. Oder
ein unehelich aufwachsendes Kind. Oder
einen Bundesminister für Familie, Jugend & Sport. Oder
ein altes Ehepaar, verstummt beim Betrachten der
Hochzeitsbilder.

Mich frag bitte nicht.
Ich bin Wiederholungstäter.

Ingrid Noll

Walum heilaten?

So blöde können nul Eulopäelin fragen.

Ich wissen, deutsche Mädchen leben mit verschiedene Typen viele Jahre zusamm, und erst wenn wollen Kindel machen, vielleicht heilaten. Deine Fleund sein egal, wieviel Männel davor. Bei uns kein zweite Chance. Also, klar ausgedlücken: Asiatischel Mann mich nicht mit Feuelzange anfassen wollen.

Du fünfundzwanzig Jahre und schon mit dlei Fleunden Zeitlang zusammengewohnen, mit acht geschlafen. »Plump geschätzt«, du sagen ohne schämen.

Ich haben sechsten Deutschen, fünf sein velheilatet. Number sechs heißen Hans-Dietel und geschieden, zweiundvierzig Jahre. Nun ich Angst, daß Badewanne schon wieder verloren gehen.

Du meine Zimmel gesehen? Nicht Wohnung von Hans-Dietel, sondern Kämmelchen in alte Haus. Kein Wasselleitung: müssen nachts entweder zwei Häusel weiter auf Klo oder morgens Topf wegblingen. Wenn waschen, dann Wassel holen in Emailschüssel. Kalt, kalt, kalt. Kein Heizung. Betonboden. In Sommel aber zu heiß, keine Klima-Apparat. Zerschlissene Bettuch sein Galdine. Drei Mainzelmännchen und sieben Fotos als Elinnelung an deutsche Fleunde. Lilly kriegen wenigstens Steleoanlage von seine Siemensmann. Aber alles sekundäl.

Nun ich kennen viel Badewannen in Hotels und Ausländelwohnungen, nun ich wissen, was Ziel von mein Leben. Du haben jede Tag warm Wassel im Wintel odel kühl im Sommel. Du plotestieren – viel baden schlecht für Haut. Du nicht klug Frau.

Wenn mein blonde Fleund Wohnung vellassen, beginnen Badefest. Glüne und meerblaue Badesaft von Deutschland, flanzösisch Seife, amelikanisch Bodylotion. Ich planschipanschi, Untelwäsche und Seidenbluse in Eimel mit deutsche Persil.

In halbe Jahr Hans-Dietel wieder zulück nach Blemen. »Komm mit!« sagen so lustig. Ich kriegen natürlich kein Visum, bloß wenn Hans-Dietel mich heilaten.

Gerade du haben nötig, von Liebe reden. Eine Frau vielleicht lieben Mann, andere Frau lieben besser Wanne. In früheren Zeiten Heilaten immer aus Verstand, nicht aus Liebe. Sein das schlecht? In mein Fall deutsche Mann bekommen exotische Sex, ich bekommen Badewanne, so sein doch faire Deal. In dein Fall schlecht für Mann: Du kriegen Sex, Typ müssen kochen und viele putzen.

Walum heilaten? Du vielleicht in zehn Jahre wegen Kindel, ich bald wegen Wanne, du dumm Pute.

Ulrich Greiner

Warum essen?

Sprich, und du bist mein Mitmensch –
singe, und du bist mein Bruder.
(Schiller)

Friß, und du bist mein Artgenosse –
speise, und du bist mein Gast.
Ficke, und du bist auch nur ein Mensch –
liebe, und du bist mein Gott.
(Unbekannt)

Der Hunger ist grob, er verschlingt, was ihm in den Weg kommt. Er ist grausam, weil er tötet, was er begehrt, das friedliche Lamm und den stummen Fisch und das liebe Schwein. Die zarte Erdbeere zermanscht er, er schneidet und mahlt das Korn, und keiner fragt, was der pausbäckige Apfel empfindet, wenn die Zähne krachend in sein weißes Fleisch schlagen.

Traut man den Zeichen der modernen Stadt, so ist der Hunger eine allgegenwärtige Gefahr. An jeder Ecke lockt ein leckeres Würstchen, Pizzabäcker liefern Tag und Nacht, Doppel-Whopper sehen dich an. Der Werbung in Kino und Fernsehen, auf den Plakatwänden und in den Gazetten kommt das Verdienst zu, uns vor der ständigen Gefahr der Hungersnot eindringlich zu warnen und zugleich mit nützlichen Tips zu versorgen, wie wir ihr entgehen können.

Erste Hilfe verspricht uns der Müsliriegel in der lila Pause, zweite Hilfe deutsche Lande frisch auf den Tisch, dritte der große Klare, und du fühlst dich wohl mit den freundlichen Diebels. Die zarten Brüste junger Mädchen vom Bacardi-Strand, die scharfen Schenkel von Ballantines, Camparis prachtvolles Dekolleté – wer möchte da nicht zugreifen?

Rasch muß es gehen, der Hunger kennt keine Gnade. Alles

liegt ja bereit, Würste brutzeln uns entgegen, Döner Kebab kitzelt die Nase, Kartoffelchips rascheln verheißungsvoll, der Flenskorken ploppt, wenn Gottschalks schrecklich nette Familie sich für uns amüsiert. Und schluck und schwupp. Und am liebsten allein, ohne Zeugen, ohne Aufwand. Es gehört sich nicht, dem Nachbarn, dem die Thüringer aus dem Gesicht hängt, zuzuschauen. Das Verrichten jeglicher Notdurft, die Befriedigung animalischer Triebe hat das Grundrecht auf Anonymität. Der Hunger des Menschen ist unantastbar.

Aber ohne Hunger zu essen ist sehr viel schöner. Da fängt Kultur erst an. Nichts gegen einen Quick Snack, nichts gegen den One Night Stand an der Heißen Ecke, wo der Senf auf dem Pappteller und das Bier im Plastikglas goldgelb leuchten wie der Mond über Soho.

Aber der gedeckte Tisch! Das klingende Defilée der Gläser für Champagner und Perrier, für den Pouilly Fumé und den St. Emilion, die Parade der Bestecke, das Gebäude der Teller und Schüsseln, auf Damast und Leinen errichtet, das Crescendo und Decrescendo der Gänge, der zarte Kitzel des Gaumens, der sorgfältige Wechsel der Reize, das honigfarben schimmernde Kerzenlicht auf dem Antlitz der Geliebten, die vollen Lippen, die vom Saft des Speichels und des Fleisches glänzen, und wie sich all das, umspielt von betörend insistierender Musik, allmählich steigert, sehr allmählich, nämlich gemächlich und spannungsvoll zugleich, bis Lippen und Zunge, Haut und Glieder im Genuß der Begierde überströmen und der Champagner sich ergießt... – ja, das ist nicht jedermanns Sache, es erfordert, nein, nicht Geld, denn anstelle des Champagners tut es auch der Riesling von Rüdesheim, es erfordert Zeit, Geduld, Konzentration, Hingabe, Übung, es geht nicht schnell und nebenbei, nicht vom Mund in die Hand, nicht im Stehen und Vorübergehen, es braucht Vertrautheit des Gastgebers mit dem Gast, Kenntnis seiner Neigungen und empfindsamen Stellen, seines Geschmacks und seiner Vorlieben, denn wer wollte eine abstrakte Kochkunst eilfertig vorführen, wenn ein besonderer Gast zu verführen ist?

Und nicht nur solche Nähe ist vonnöten, sondern zugleich eine Tradition, die über Leinen und Scheinen hinausgeht, sich eingeordnet weiß in den größeren Zusammenhang kulturellen Herkommens, der von keinem aus dem Stand erworben wird, der Mühewaltung kostet, auch Verzicht auf die schnelle Sättigung am Imbiß neben der Bushaltestelle, wo es Nahrung fürs Grobe gibt und Genuß für denjenigen, der nicht weiß, was Genuß heißt, denn Befriedigung ist dessen Ende, und Hunger nicht alles.

Madeleine Marti und Marianne Ulmi

Würdest Du, meine so sehr Geliebte, mich heiraten, wenn wir heiraten könnten?

Meine so sehr Geliebte

nachdem wir uns nun durch alle Jahreszeiten hindurch bereits einmal treu und zuverlässig begleitet haben und in allen Jahreszeiten gemeinsame Interessen entdeckt haben, nachdem wir uns in den – wenigen – Fällen von Nichtvereinbarkeit unserer eindrücklichen Toleranzfähigkeit versichern konnten, nachdem Du mich nun auch am Krankenbett hingebungsvoll und liebreizend betreut hast, nachdem Du nun sogar kundgetan hast, daß Du meiner Stammfamilie wohlwollend zugetan bist, hat sich mir unsere Beziehung endgültig als wunderschön und tragfähig zugleich erschlossen. Ich bin überzeugt, und es entspricht dies auch meinem tiefen Wunsch, daß die eine von uns die andere von uns bis an ihr Lebensende wird begleiten können. Falls beide von uns das wollen.

Ich möchte das – und Du, willst Du das auch? Wage ich hiermit die Frage: Würdest Du, meine so sehr Geliebte, mich heiraten, wenn wir heiraten könnten?

Geliebte M.

Im Erleben der Jahreszeiten und unserem Liebesglück stimme ich mit Dir harmonisch überein, wünsche mir auch nichts sehnlicher, als Hand in Hand weiter mit Dir zu gehen, sei dies ans Meer oder in die Berge oder durch die Wirrnisse und Höhepunkte des Alltags. Ich liebe Dich sehr und werde zutiefst in der Seele umspült von Deinem Humor, Deinem warmen Ausdruck und Deinen herausfordernden Augen. Als Mensch und Frau fühle ich mich von Dir geschätzt und begehrt und schätze und begehre Dich ebensosehr. Ich höre Deiner Stimme stundenlang zu und freue mich, wenn Du Deine Geschichten erzählst, Dein Leben in Form von Geschichten gestaltest.

Nur in einem Punkt verstehe ich Dich nicht und bitte Dich um eine Erklärung: Wozu sollten wir heiraten?

Meine verständnislose Geliebte

Dein Brief ließ mich zu einem Höhenflug abheben ob Deiner Euphorie über uns und Deinen schönen Komplimenten an mich, um mich dann mit dem Schlußsatz jählings abstürzen zu lassen. Du verstehst nicht, wieso ich Dich heiraten können möchte, bittest mich um eine Erklärung.

Aber ich hab's Dir doch erklärt in meinem letzten Brief: Weil ich Dich bis an unser Lebensende an meiner Seite haben möchte!

Dir ist der Erklärung nicht genug?

Hast Du, die Du ja in der gleichen Ära aufgewachsen bist wie ich, nicht mehr präsent, was wir gesehen und gelesen haben: Äußerungen in der Art meines letzten Briefes reichten allen so angesprochenen Damen *hinreichend* als Erklärung für den Heiratswillen des sie umwerbenden Kavaliers.

Liebste M.

An Deinem Charme liegt's nicht, aber ich bin zuwenig Dame. Natürlich habe ich auch romantische Bilder in meinem Hinterkopf, die im Umgang mit Dir wieder aktiviert werden. Nur: Wir beide sind nun seit bald zwanzig Jahren Feministinnen. Damals haben wir Frauen – in Deiner Stadt nicht anders als in meiner und in anderen Europas – die Gleichung »Liebe = Heirat« als einen der grundlegenden Pfeiler des Patriarchats kritisiert. Du selbst hast Dich damit sogar eingehender beschäftigt, wie ich Deiner Ethnologiearbeit über egalitäre Gesellschaften entnommen habe, die Lektüre von Bachofen und Engels hast Du nicht gescheut. Wie kannst Du da jetzt in diese patriarchalbürgerliche Pseudoromantik zurückfallen und mich naiv vor den Altar beten?

Gleichwohl: Lieben tu ich Dich allen historischen und gesellschaftlichen Vorlagen zum Trotz unverändert!

Meine unbeirrbare Geliebte

Tempora mutantur nos et mutamur in illis... auch den Feministinnen geht es so, mir enorm, Dir etwas weniger, aber Deine Unbeirrbarkeit hat ihre Größe, und oft liebe ich Dich auch dafür.

Viele der Hetera-Feministinnen, die damals mitanalysiert haben, haben inzwischen geheiratet, eine meiner Bekannten hat das sogar schon wiederholt; im großen Ganzen aber scheint mir die Scheidungsrate von Ehen mit feministischen Partneranteilen überdurchschnittlich tief.

Die Zeit der großen Erzählungen und Gegenerzählungen ist vorbei – und Du kennst meine Anfälligkeit für das Post, auch für das Postfeministische. Wir waren damals revolutionärer gestimmt, als es heute noch Sinn gäbe. Ich kann's Dir zwar ruhig gestehen: Noch immer ist mir der kleinbürgerliche Aufbau unserer Gesellschaft ein Greuel. Und natürlich finde ich Zweierkistchen als Kernzellen einer Gesellschaft ziemlich armselig und fragil. Aber wo's nichts anderes gibt, keine matrilinearen Großfamilien-Zusammenlebensformen (Du mit Deiner tiefen Abneigung gegen alles Familiäre würdest Familien wahrscheinlich nicht einmal in dieser Form lieben), keine zukunftsträchtigen Lebensmodelle, laß uns doch so freudig wie resigniert wenigstens eine solche Zweierzelle haben wollen! Eine, die eben genauso anerkannt ist wie die heterosexuelle Variante.

Weißt Du, Geliebte, ich habe genug davon, eine Welt, oft eher in Gestalt einer Gegenwelt, im rein Privaten zu schaffen, auf die gesellschaftliche Anerkennung stolz zu verzichten und auf die eigene Kraft respektive die Kraft der anderen gegenwärtigen Gegenweltmitglieder zu bauen. Unsere Beziehung ist gesellschaftlich nicht mehr und nicht weniger wert als eine Hetero-Beziehung.

Ich mag nicht immer wieder David spielen, der Goliath ist nämlich doch immer der Stärkere, jedenfalls in meiner Geschichte. Schon zweimal habe ich mit anderen zusammen trutzig neue unkonforme Lebensformen projektiert und das Scheitern dann jämmerlich und ziemlich allein ertragen. Die Löcher nämlich, in die wir strauchelten, wurden, so schien mir, wegen der Absenz aller gesellschaftlichen Netzwerke zu eigentlichen Fallgruben. Eine Beziehung, Geliebte, lebt nicht von der Liebe allein, hast doch Du mir letzthin aus Einsicht beteuert, sie brauche Arrangements im Alltag, und sie braucht einen gesellschaftlich abgestützten Rahmen. Ich bestehe darauf: Wir, die wir ja eine der besten der möglichen Beziehungen leben, haben ein Recht auf diesen Rahmen. Und ich möchte ihn beanspruchen.

Kommt ja dazu, meine Kämpferin, daß Du einer Lesben-Ehe durchaus mindestens teilrevolutionäre Aspekte abgewinnen könntest: Wenn Frauen Frauen und Männer Männer heiraten könnten, dann verlöre doch die Ehe notwendigerweise ihre Funktion als Garantin der privaten Herrschaft des Mannes über die Frau. Damit würde eines der Zentren des Patriarchats geschwächt. Oder nicht?

Fasse ich zusammen: Meine Heiratsanfrage ist nicht nur Ausdruck der romantischen Liebe, des Willens ihrer Beständigkeit, der Anerkennung Deiner ungeheuren Liebenswürdigkeit und Alltagstauglichkeit, sondern sie ist gleichzeitig deutlich subversiv.

M. – Du schlaue Geliebte

Gerührt und geschmeichelt höre ich Deine Schalmeientöne und würde spontan grad ja! ja! ja! anworten wollen. Daß unsere Liebesbeziehung durch das Zauberwort »Ehe« mehr Gewicht und mehr Anerkennung erfahren würde, klingt verlokkend. Politisch kämpfe ich ja schon lange dafür, daß wir Lesben in unseren Lebens- und Beziehungsformen wahrgenommen und anerkannt werden.

Dazu kommt, daß es einfach einmal praktisch sein könnte, heiraten zu können. Jedenfalls sind inzwischen sämtliche meiner heterosexuellen feministischen Freundinnen, die mit einem festen Partner leben, verheiratet. Sie alle haben dafür Gründe gefunden. Oftmals sind sie materieller Natur oder in der unterschiedlichen Staatsangehörigkeit begründet. Immerhin wird in der Schweiz jede vierte Ehe zwischen einer schweizerischen und einer nicht-schweizerischen Person geschlossen, bei Lesben dürften die binationalen Beziehungen noch weiter verbreitet sein. Da wir noch immer nicht in der EU sind, wird es oft schwierig mit der Aufenthaltsbewilligung im selben Staat. Und auch die materiellen Vorteile wären nicht zu verachten: Wir Frauen verfügen sowieso über weniger Geld, also sollten wir uns doch mindestens über die Sozialversicherungen und über gegenseitiges Vererben finanziell absichern können.

Und doch – diese Anerkennung von Lesben über die Ehe zu erreichen, erscheint mir als alter Radikalfeministin immer noch abwegig: Nachdem ich die Abschaffung der (heterosexuellen) Ehe gefordert habe, weil sie die Vorherrschaft der Männer über die Frauen stärkt, soll ich nun für die Ausdehnung der Ehen auch für Lesben sein? Die Forderung nach Lesbenehe als Paradigmenwechsel, als Ungeheuerlichkeit, als Ausdruck eines völlig neuen lesbischen Selbstbewußtseins?

Gleichwohl: Der Rahmen der Ehe paßt mir nicht. Ich war froh, als ich bei der Auflösung meiner letzten Liebe und deren Umwandlung in eine Freundinnenschaft diesen komplexen Prozeß in gegenseitiger Übereinkunft mit meiner ersten Lebensgefährtin durchlaufen konnte. Staatliche Institutionen wären dabei nur lästig gewesen.

Nein, geliebte M., ich bin und bleibe ehescheu. Allerdings nicht in dem Sinne, wie ich gestern im »Lexikon der Frau« von 1953 gelesen habe, wo »Ehescheu« so erklärt wird: »Manchmal spielt Mangel an Libido od. ein krankhaftes Überwuchern des Schamkomplexes eine Rolle; ebenso ausgeprägte Abnormitäten u. Verkehrungen des gesellschaftl. Fühlens u. vor allem Homosexualität.« Als »Ehehindernis« wird Homosexualität dagegen, im Unterschied zur Blutsverwandtschaft, nicht erwähnt. An eine Ehe zwischen Gleichgeschlechtlichen wurde in den fünfziger Jahren gar nicht gedacht: Eine solche Ungeheuerlichkeit schien undenkbar. Realität jedoch war, daß eine Reihe von Lesben unter dem gesellschaftlichen Druck Männer geheiratet haben, sei es, weil sie geglaubt haben, diesen einen zu lieben, oder weil sie bewußt eine Hochzeit zur Tarnung ihres Lesbischseins benutzt haben.

Meine Liebe, zusammen wollen wir bleiben bis ans Lebensende – auch wenn wir beide schon das Ende einer Lebensliebesbeziehung überlebt haben. Klar! Aber: Ich will nicht heiraten, diese Form ist mir zu fest vorgeprägt und trägt zuviel Voreingenommenheiten und Bedeutungen in sich, die mir einschränkend erscheinen. Die gesellschaftlichen Rahmenbedingungen, geliebte M., sind oft weniger sichernde Auffangnetze denn eigentliche Fallstricke. Laß uns diese Enge, gegen die wir uns ja wehren, nicht via Heirat durch die Hintertür einhandeln. Laß uns großzügigere Formen suchen, die uns – und anderen Freundinnen – das Recht und die Möglichkeit einräumen, füreinander zu sorgen...

Gleichwohl ist eines klar: Wenn ich je heiraten wollen würde, dann Dich, geliebte M.!

Meine Geliebte

Also denn, ich lenke ein: Wenn wir heiraten könnten und je heiraten wollten, würden wir uns heiraten, ansonsten lassen wir's sein.

Wilfried Rott

Die Prinzessin auf dem Traualtar *

Warum ich noch einmal heiraten will, ein drittes Mal Ehefrau sein möchte? Ehrwürdiger Vater, wie können Sie mich so etwas fragen? Gerade Ihnen ist die Ehe doch heilig – so heilig, daß Leute Ihres Standes sie erst gar nicht eingehen, um sich nicht an ihr zu versündigen. Aber Sie sind mein Beichtvater, in meinem Alter hat man nicht mehr oft und nicht mehr soviel zu beichten – so will ich Ihnen antworten, auch wenn es schwerfällt –, selbst nach vier Hochzeiten und zwei gehabten Ehemännern.

Einmal habe ich geheiratet, weil ich mußte, einmal, weil ich durfte, und jetzt werde ich heiraten, weil ich will. Warum? Da müssen Sie sich noch gedulden. Alles schön der Reihe nach. Am Anfang war die Pflicht. Weil ich meinem Vater, einem Kaiser, gehorchte, mußte ich einen Kaiser heiraten. Ein richtiger Kaiser war Napoleon eigentlich nicht. »Parvenu« hat Papa ihn später selbst immer genannt. Aber als ich ihn geheiratet habe, heiraten mußte, da war er L'Empereur, Napoleon, Kaiser der Franzosen. Das war nichts gegen Papa, der immerhin noch Kaiser des Heiligen Römischen Reichs Deutscher Nation gewesen ist. Der letzte zwar, aber immerhin – und schließlich erster Kaiser von Österreich. Römischer Kaiser hin, österreichischer Kaiser her: Geholfen hat's nicht. Mich mußte er dem Emporkömmling zur Frau geben, ungern, aber doch. Mein Beichtvater sagte damals: Ehe ist Ordnung – und, als wäre da kein Unterschied, Ordnung heißt Einordnung –, und so mußte ich mich fügen in das, was Kanzler Metternich meinem Vater eingege-

* Maria Ludovica, Herzogin von Parma, Piacenza und Guastalla, war als Marie Louise die Frau Napoleons; das Gespräch zwischen ihr und ihrem Beichtvater findet im Jahr 1834 statt.

ben hat. Eine Tochter auf dem Traualtar zur Rettung des Vaterlands zu opfern. Dieser Metternich! Häßlich hat er mich gefunden, nur meine Figur hat er goutiert, dieser Connaisseur. Schauen Sie nicht so – auch ich war einmal jünger, gerade achtzehn Jahre war ich damals. Und das Gesicht ...? Nun, damals hat es noch geholfen, wenn man mich ein wenig zurechtrichtet und aufkräuselt, wie Metternich gesagt hat.

Mich schreckte nicht die Ehe. Im Gegenteil. Alles erwartete ich mir von ihr. Aber mir grauste vor der Ehe mit diesem Mann – und vor allem der Zwang. Auch dafür hatte mein Beichtvater ein Wort: Alle Ehe ist Zwang, sagte er damals zu mir: der Zwang zum Guten. Er war Jesuit, nicht nur klug, sondern auch schlau. Das Gute für meinen Vater, für Österreich, war auch mir klar. Das unglückliche Land brauchte Frieden. Nach drei verlorenen Kriegen war 1809 nichts da mehr vom glücklichen Österreich, das heiratet, wo andere Kriege führen. »Tu infelix Austria nube ...« – das war jetzt das Motto. An mein Unglück dachte niemand. Metternich brachte es auf den Punkt: Noch nie waren es die Habsburger-Prinzessinnen gewöhnt, ihre Gatten nach ihrem Herzen zu wählen – warum also ich, sagte er. Und so schlimm wie Großtante Marie Antoinette würde es mir schon nicht gehen. Selbst wenn man mich als neuerliche »Autrichienne« am Herrscherhof schmähen sollte, den Kopf würde man mir schon nicht abschlagen.

Und Marie Antoinettes Ehemann war – nehmen Sie es ruhig wörtlich – ein König auf einem absterbenden Ast. Sieben Jahre hat er gebraucht, bis er imstande war, seiner Frau ein Kind zu machen. Da war Napoleon schon standfester – und das noch, ehe wir geheiratet haben. Entgegengefahren ist er mir nach Courcelle, ist gleich in der ersten Nacht unter einem Dach zu mir gekommen und hat ... Nein, Ehrwürdiger Vater, auch jetzt keine Details. Sie sind hier nicht zum Vergnügen. Alles korrekt, so wie zwischen Napoleon und mir. Wir waren verheiratet, ohne gemeinsam vor dem Altar gestanden zu haben.

Ich bin noch nicht senil, wenn ich das sage, zumindest nicht seniler als der Bischof von Nantes. Der hat – Ehe ist Ordnung – seinem Kaiser bestätigt, daß er »darf«, denn schließlich hat es schon eine Trauung gegeben – in Wien und ohne Napoleon. Später habe ich Napoleon noch zweimal in Frankreich geheiratet. Einmal zivil – und einmal kirchlich. Aber davor mußte ihn

Onkel Karl in Wien vertreten, dieser immer ein bißchen ernste, um nicht zu sagen, fade Mensch. Ausgerechnet Onkel Karl, der einmal, aber wirklich nur ein einziges Mal, Napoleon in offener Feldschlacht besiegt hat, dieser Karl heiratet seine Nichte – »per procurationem« nennt man das wohl. Alles ein bißchen absurd. Ein geweihter Ring wurde mir an den Finger gesteckt – und gleich noch elf Ringe geweiht. Wer wußte schon in Wien, wie dick die Finger Napoleons sind – und wenigstens die Äußerlichkeiten sollten bei dieser Ehe stimmen.

Napoleon hat sich, das muß ich ihm lassen, auch darum bemüht, daß es in der Ehe stimmt. Auch wenn es vielleicht nur Egoismus, Eitelkeit war: Er wollte sichergehen, bei mir seinen Mann zu stehen. Schnell hat er noch vor der Hochzeit mit einer Hofdame ein intimes Rendezvous arrangiert, um sich seiner Manneskraft zu versichern. Der Fürstin Metternich hat er noch aufgetragen, daß ich mir die Zähne putzen soll. Mundgeruch hätte ihn wohl irritiert. Andere Gerüche weniger. Obwohl: Von mir wollte er nie, daß ich mich nicht wasche. Das hat er nur von dieser Schlampe Joséphine verlangt, als sie noch seine Frau war. Aber am Ende konnte er mich zuwenig oder gar nicht riechen. Ständig hatte er Affären mit anderen Frauen. Heute muß ich darüber lachen, aber damals brach eine Welt für mich zusammen. Ehe ist Ordnung – eine, die ständig gebrochen wird. Es fiel mir schrecklich schwer, das zu lernen. Aber ich habe es gelernt, und wie habe ich es genossen, als ich meinen Liebhaber hatte, während sich Napoleon auf Elba und St. Helena mit Hofschranzen abgeben mußte, von denen ihn wahrscheinlich einer auch noch umbrachte.

Später habe ich erfahren, was Napoleon von einer Ehefrau dachte: fast nichts. Ich war für ihn »der Bauch«, der ihm Kinder bringen sollte. Als Eigentum hat er mich betrachtet, als Baum, der Früchte trägt und Besitz des Gärtners ist. Die Gattin ist ein Blitzableiter, hat er gesagt, die Ehe eine Lebensversicherung und das Kind ein Schild. Verstehen Sie, daß mich mit diesem Mann eigentlich nie ein tieferes Gefühl verbunden hat? Wenigstens mit Rücksicht kam er mir entgegen – und vielleicht ist das ja schon viel in einer Ehe ohne Liebe, bei zwei Menschen, die sich nicht einmal auf ein gemeinsames Schlafzimmer einigen konnten – der Temperatur wegen. Ich ließ ihn in seinem überheizten Zimmer schlafen, während ich in meinem die

Kühle genoß. Man traf sich eben – und das reichte, um seinen Sinn von Ehe zu erfüllen, ein Kind zu zeugen.

Gekümmert hat er sich nicht um seinen Sohn, und dennoch war der Kleine für Napoleon die Erfüllung dieser Ehe. Zum König von Rom hat er ihn erklärt, sein Reich sollte er erben. Nichts, aber auch gar nichts ist daraus geworden. Gesehen hat er ihn fast nie, weil er ja Kriege führen mußte – und dann, als es mit dem Herrschen und Kriegen zu Ende war, da hat er ihn nicht mehr sehen dürfen. Entmachtet ist entmachtet, und verbannt ist verbannt. Enttäuscht wäre Napoleon gewesen, hätte er später seinen Sohn gesehen, so gar nicht war er nach ihm geraten. Stellen Sie sich vor, der kleine Vater, immer ein bißchen zu dick mit seiner mühsam kaschierten Glatze. Und dann der Sohn: groß, übergroß, schlank, ja fast mager, ein hitziger Blondschopf, der Schwarm der Damen im Schloß Schönbrunn. Er war nicht glücklich. Er tut mir noch heute leid, der Bub, und ich mache mir viele Vorwürfe. Wenig gekümmert habe ich mich um ihn. Gerade noch zu seinem Sterben bin ich nach Wien. Aber ehrwürdiger Vater, Sie und die Kirche machen es sich zu einfach, wenn Sie sagen, Kinder sind Sinn und Ziel der Ehe. Für mich war das Kind doch nur Zwang, wie diese ganze Ehe mit Napoleon.

Sagen Sie nicht, ich wisse nicht, wovon ich rede. Ich habe noch zwei Kinder bekommen – ohne Ehe, genauer: außerhalb der Ehe. Ja, außerhalb welcher Ehe? Sehen Sie, so kompliziert kann es mit dem Heiraten sein. 1814 haben sich Napoleon und ich getrennt, weil er wieder zu seiner Armee mußte – und dann haben wir uns nie wieder gesehen –, und ich habe, ich sage es offen, ihm keine Träne nachgeweint. Je weiter weg er von mir war, desto angenehmer ist er mir geworden. Obwohl: So richtig böse konnte ich ihm nicht sein. Sogar ein bißchen Angst habe ich um ihn gehabt. Stellen Sie sich vor, die Franzosen hätten Napoleon gar aufgehängt. Ein Vater am Galgen – das wäre für meinen Sohn doch ein wenig kompromittierend gewesen. Aber sonst? Ich habe damals sogar noch ein gutes Wort für ihn bei Papa eingelegt. Immerhin war er nur gleichgültig zu mir, hat mich nicht unglücklich gemacht. Es soll schlimmere Ehen geben.

Aber kaum hatten Napoleon und ich uns zum letztenmal gesehen, fing unsere Ehe an komisch zu werden – wenn es denn überhaupt eine Ehe war. Können Sie sich noch erinnern? Am Anfang hatte genügt, daß ich über die Entfernung mit Napoleon getraut worden war. Alles rechtens, hat damals der Bischof von Nantes gesagt. Aber als es mit dem Kaiser Napoleon vorbei war, da hat der päpstliche Nuntius gesagt: Ich war mit Napoleon nie richtig verheiratet. Ich kenne mich da nicht so aus, aber es hätte »kanonische Hindernisse« gegeben. Da habe ich mich vielleicht angeschmiert gefühlt. Verzeihen Sie, ehrwürdiger Vater, schließlich bin ich eine demütige Tochter der Kirche, sonst würde ich jetzt nicht mit Ihnen so reden. Aber ich war auch ein bißchen erleichtert. Denn damals fing ich ein Verhältnis mit Graf Neipperg an, meinem lieben Adam. Er war ein schneidiger General. Papa hat ihn mir zum Schutz beigestellt – und wir haben uns halt verliebt, wenn auch mit ein bißchen schlechtem Gewissen. Schließlich dachte ich, daß Napoleon noch mein Mann ist. Heiraten durfte ich meinen guten Adam erst, als Napoleon tot war, 1821. Papa war dann doch indigniert, als er hörte, daß ich schon zwei Kinder mit meinem »Schützer« Neipperg habe. Aber alle haben das sehr diskret behandelt. Montenuovo heißen die Kinder – klingt doch gut, und man muß schon Wienerisch können, um noch das Neipperg-Neuberg herauszuhören.

Warum ich Neipperg geheiratet habe? Daß ich ihn geliebt habe, diesen schneidigen Offizier mit seiner Augenklappe über dem in der Schlacht verlorenen Auge, das ist klar. Daß ich ihm dankbar war, weil er sich um mich gekümmert, meine politischen Geschäfte geführt hat – das ist auch klar. Aber wegen all dem hätte ich ihn noch nicht heiraten müssen – wo ich ihn doch eigentlich gar nicht heiraten sollte. Schließlich: Neipperg war nur ein kleiner Adeliger, ein Nichts für meine kaiserliche Verwandtschaft. Aber ich konnte mir gar nicht vorstellen, einen Mann zu haben und nicht mit ihm verheiratet zu sein – und so habe ich gebettelt und gefleht – und dann durfte ich heiraten. Ich durfte – verstehen Sie, was das bedeutet? Ich durfte mit dem Mann meiner Liebe, und er war wirklich eine große Liebe, richtig zusammensein, ohne Heimlichkeit – so richtig, wie es sich gehört –, und es blieb doch ein Schuß Ungehörigkeit.

Neipperg war mir nicht ebenbürtig – und das ließen meine Verwandten ihn und mich spüren. Wenn er in Wien am Hof war, ohne mich, dann wurde er dort als ein Niemand behandelt – und als er starb, wurde mir verboten, Trauer zu tragen. Eine Habsburgerin hat nicht um einen Neipperg zu trauern. So schlimm war das damals nicht mehr für mich.

Aus Liebe war Ehe, aus Ehe war Gewohnheit geworden. Man fragt sich dann nicht mehr, warum man verheiratet ist. Als Neipperg und ich noch nicht verheiratet waren, da sehnte ich mich nach der Ehe, nach dieser Form für unsere Zuneigung. Zuletzt war da nur noch Form, aber sie hat geholfen. Ich habe damals geahnt, daß mir andere Männer auch etwas sein könnten, Neipperg nicht die letzte Erfüllung meiner Träume ist. Aber die Ehe hat mich gehalten – mehr auf jeden Fall als die Kinder, von denen man so oft sagt, daß sich in ihnen die Ehe erfüllt.

Kinder – es ist doch Unsinn, daß man die Ehe braucht, um Kinder richtig großzuziehen. Mein eheliches Kind war von seinen Eltern mehr getrennt als es jeder illegitime Sproß sein könnte, um meine beiden Liebeskinder habe ich mich viel mehr bemüht, um meine Tochter sogar so sehr, daß ich ihr den Mann ausgesucht habe. Einen guten Ehemann konnte ich ihr nicht garantieren, aber doch, daß er ihr einige körperliche Freuden bereiten wird. Schließlich war Luigi Sanvitale nicht einfach Höfling unter Höflingen. Tun Sie nicht so überrascht, ehrwürdiger Vater. Wer von vielen Sünden losspricht, muß über viele Sünden Bescheid wissen. Er war mein Liebhaber, ehe ich ihn meiner Tochter zum Mann gab. Was Sie nicht wissen: Sanvitale – selten hat ein Mann derart zu Unrecht so geheißen. Seine Vitalität machte mir Freude – und ich bin sicher, auch meiner Tochter. Ich konnte das junge Ding, 15 Jahre war sie, in guten Händen wissen.

Böse Zungen haben behauptet, als Schwiegersohn hätte ich mir Sanvitale als Liebhaber gesichert. Blödsinn. Liebhaber sind ersetzbar. Die Austauschbarkeit ist ihre Qualität, nicht ihre Unverwechselbarkeit. Es gab genug andere, denen es nicht nur Vergnügen, sondern eine Ehre war, mir Liebesdienste zu leisten. Hätte ich auf die Freuden der Liebe verzichten sollen, als ich mit vierzig Jahren Witwe wurde? Andere vielleicht. Ich nicht. Was die Leute von mir sagen, war mir schon damals egal – und jetzt erst recht. Mein Hofmeister hat herumgetratscht, ich hätte eine einschlägige pathologische physiologische Veranlagung. Er drückte sich immer ein bißchen verschroben aus. Andere sagten, ich sei mannstoll, liebestoll. Alles halb so schlimm. Läßliche Sünden, nicht halb so schlimm wie eine unglückliche Ehe.

Wozu ist man katholisch – und wozu gibt es Männer wie Sie? Man muß schon ein puritanischer Engländer sein wie Lord Ramsey. Meine Schwester hat mir erzählt, wie entsetzt er beim Wiener Kongreß war. Die Galanterie der Wiener Damen sei durch die Frömmigkeit kaum beeinträchtigt worden, hat er festgestellt. Sie sündigen, beten, beichten und beginnen wieder von vorn. Jetzt ist es bei mir zu spät, um wieder von vorn zu beginnen – und nur Spaß hat es ja auch nicht gemacht. Das ist bei der Liebe nicht anders als bei der Ehe, nur weiß man bei einer Affäre, daß sie schneller vorbeigeht, kürzestenfalls eine Nacht – und nachher hat man keine Gelegenheit mehr, sich darüber zu streiten, wer wem was angetan hat, wer den Nutzen, wer den Schaden hatte, was man einander ist, einander sein will.

Schauen Sie, zum Beispiel die Geschichte mit Jule Lecomte, von der vielleicht nicht einmal Sie etwas wissen, weil sie so kurz war. Ein Tenor, der hier in Parma gastiert hat. Ich habe ihn zum Souper gebeten – und er ist geblieben, die ganze Nacht. Was macht der Kerl? Zuerst mir und sich die Freude dieser Nacht – und rühmt sich später – es wird einem ja wirklich alles hintertragen –, er sei eine Nacht lang Napoleon gewesen. Wer angibt, hat's nötig. Ich weiß, daß er auf der Bühne ein mächtigeres Organ hat als im Schlafzimmer. Aber was soll's. Eine Sache zwischen ihm und mir. Wenn ich will, bestreite ich, daß da überhaupt etwas war – in jedem Fall keine Ehe. Ein Sänger auf Durchreise – oder ein Koch im Palast. Ja, auch ein Koch war mir in jeder Hinsicht zu Diensten. Können Sie sich noch an ihn erinnern? Ausgerechnet Rousseau hat er geheißen. »Retour à la nature« – warum nicht auch in der Liebe. Bei Nacht der Liebhaber, bei Tag ein Küchenchef, dem ich alle Menüvorschläge kaputtgemacht habe, dessen Essen ich vor allen kritisiert habe.

Warum ich jetzt wieder heiraten will? Ich könnte ja wirklich so weitermachen mit meinen Liebhabern. Ein bißchen schwieriger würde es schon werden. Kürzlich sagte meine Hofdame, die Spuren meines schweren Schicksals und meiner leichten

Lebensart seien nicht mehr zu übersehen. Man wird mit den Jahren nicht attraktiver – aber eine Großherzogin und Ex-Kaiserin darf immer mit Aufmerksamkeit rechnen.

Aber es ist nicht die Bequemlichkeit, die mich wieder eine Ehe eingehen läßt. Es ist auch nicht der Wunsch, nicht mehr in Sünde zu leben. Wenn meine Liebhaber Sünde waren, dann doch immer die gleiche – und ausgerechnet die, die aufhört, eine Sünde zu sein, wenn man verheiratet ist. Sie werden weniger zu tun haben, wenn ich verheiratet bin, weil ich weniger zu beichten habe.

Es ist auch nicht der Mann, den ich heiraten werde, der mich heiraten läßt. Was ist schon ein Graf, wer ist schon der Herr de Bombelles. Mein Obersthofmeister ist er – nichts gegen meine kaiserlich-herzogliche Würde. Ich verstehe die Leute, die schon jetzt tratschen, daß mein dritter Mann auch dritte Wahl ist. Aber ist es nicht wunderbar, eine Ehe mit nichts und gar nichts zu belasten. Ich muß kein Kaiserreich retten, keine Kinder bekommen, keine Liebe bewahren. Alle Ehen wollen und sollen etwas.

In meiner ersten Ehe wollte ich das Höchste. Liebe und Glück – und das an der Seite des mächtigsten Mannes. Es wurde die größte Enttäuschung. Mit meiner letzten Ehe will ich nichts mehr. Sie soll nur Ehe sein, Ordnung versuchen, wo es keine Ordnung geben kann – nämlich zwischen Mann und Frau. Ehrwürdiger Vater, eine solche Ehe – eine ohne Anspruch, aber nicht ohne Hoffnung –, einer solchen idealen Ehe können Sie doch Ihren Segen nicht verwehren.

Gabriele Stötzer

Die Prinzessin auf dem Vogelnest

»Klopf, Klopf, Klopf.« Eine Hand schlug unten neben dem Küchenfenster gegen die Wand und signalisierte ihr, daß sie aufstehen sollte.

Sie ließ sich gerade auf einem Vogelnest nieder, das stach und rote Flecken hinterlassen würde. Einstiche des Holzes, von unten kommend. Sie stellte sich vor, daß die Bäume verkehrt herum wüchsen, die Wurzeln durch die harte Materie Mensch hindurchstächen und sie festbänden an die Erde, in einer Nacht. Sie sah die Holzspitzen durch ihre Haut dringen, sie aufspießen, um durch sie hindurch in den Himmel zu steigen und mit dem Wind zu tanzen. Sie schaute sich erschreckt in dem Vogelnest um. Viele junge Mücken krakeelten und wollten ihr Tagesfutter in einen Mund gesteckt haben wie Kinder, die mit offenen Mündern ihren Hunger in die Welt schrien. Sie erhob sich lieber aus dem Nest. Ihr Mitleid versiegte wie die blutenden Stellen auf ihrer Haut, an denen sie ein treuer Hund leckte, der sich in eine Katze verwandelte, die sich zusammenrollte und einschlief. Sacht schritt sie darüber hinweg, gelangte in einen Keller, in dem sich auf einem großen Teller quadratisch die Strümpfe für den nächsten Tag geringelt hatten, serviert mit Gurkentoast. Als sie ihn anfaßte, verwandelte sich der Rand des Tellers in eine Kette aus Kellerasseln, die in ihrer Hand weiterwuchsen. Groß wie aufgespießte Krebse krümmten sie sich. Sie warf die Kette von sich, die in der Mitte des Raumes in einem Loch aus roter Lava landete. Im Kreis schritten die grauen Wände in Lappenform darum ihre Runde, als tanzten sie rituelle Weisen, und sangen dabei melodische Gesänge. Tränengleich schimmelten sich von ihren Krusten salzartige Kämme auf den Boden.

»Wer mich anfäßt, wen ich anfasse, steche ich«, sagte ein

Biber in der Ecke. Sie wußte nicht, woher sie seine Stimme kannte.

Die Ecken wurden Enden von einem Lied, das ihr eben noch die Zeit erhellte. Eine dunkle Frau sang unerklärliche Strophen, mit deren Enträtselung sie sofort in die Zeitschleuder flog, dort abrutschte, was ihr die Weichteile von den Armen zog und ihre Skelettknochenteile nach außen beförderte. Eine unbedeckte Schulter, sie mußte unaufhörlich lachen. Die Steine unter ihren Füßen waren Kraken geworden, die irgendwohin entliefen und sich in eine Schafform wandelten, die gleich darauf als Wolken in den Himmel stiegen. »Bilder ein Braten«, dachte sie noch, dann fiel sie vom Stuhl.

Ihre Mutter hatte jetzt ihre Bettdecke weggezogen. Es war kalt und bedeutete schnellstens aufstehen, hinunterlaufen, frühstücken und den Schulranzen packen. Die anderen Geschwister waren alle mit sich selber beschäftigt, so daß sie hier wieder auf sich geworfen in ihre eigene Welt zurücktrudelte.

So hatte sie es ganz gern, dieses Weggehen in die andere Zunft Leben. Sie liebte es, aus dieser Realität körperlich aufwärts zu steigen in das Reich ihrer Phantasie, das sich aufbauschte wie früher das Gekicher der Freundinnen über keinerlei Grund. Traum ist Schaum und reinigt auch von dem, was abgeworfen werden mußte, dachte sie. Bis sie eines Tages in den Tag steigen würde und vollkommen da sein könnte, alle würden lachen und mit ihr reden, sie als das erkennen, was sie von sich wußte, und das war leicht, denn es war das, was sie konnte. Das Lachen aus dem Bauch, die Laute von einem innersten Raum in die Welt gesprochen, ohne Einhalt ohne nach der Hinterzimmer Erlaubnisordnung zu fragen. Sie wollte aufwachen und nicht gleich stocken im Aufstehen, haltmachen vor dem, was den ganzen Tag verleidete. Das Denken an all die vergangenen Begegnungen, die etwas in ihr Leben gesetzt hatten, das dann einfach nicht mehr ging.

Sie mußte sich ankleiden und konstruierte schnell zum Karomuster gestreifte Blumendekors. Sie schleuderte den Stoff um sich, fühlte sich kurz als chinesische Prinzessin, die dann doch in das Tagesgeschehen hineineilte. Aufstehen, die Rituale Waschen, Zähneputzen, Anziehen und dann essen. Diesen Traumkörper, der seine Kraft noch nicht verstand, in ein anderes Reißen, Zerreißen, Aufreißen, Zermalmen bringen. Sie hörte im Hintergrund eine Dampflok, die mit ihrem aggressiven Tuten in ihre Ohren schritt. Sie war noch nicht gekämmt, schlüpfte in die Schuhe, verabschiedete sich und rannte zur Tür hinaus. Am nahen Bahnhof standen die Signale auf Fahrt, garantierten dem Zug Durchfahrt, und sie konnte gerade noch mit lose herumhängenden Schnürsenkeln in eine offene Tür hinein springen.

Die andere Welt legte sich als Tuch über ihre Stirn, als sie es sich aufsetzen wollte. Sie hatte sich damals beim Aushandeln des Preises über den Tisch ziehen lassen, darum strauchelte sie, als sie es aufnahm und sich damit schützen wollte vor dem aufkommenden Regen.

Schlechten Gewissens holte sie in der nächsten Station eine Zeitung, um sich zu informieren und abzulenken. Es hatte keinen Zweck, sie war schon erkannt. Ein Löwe fletschte seine Zähne vor ihr und pinselte sich penetrant mit seinen Vorderpfoten an seinen drei Maulhaaren, die wie Degen blitzten. Wie eine andere feindliche Vergangenheit saß er in einer besonderen Ecke. Sie erinnerte sich, an dem Frühstückstisch hatte sie diesen Platz noch nie wahrgenommen, noch hatte sie gedacht, einem Löwen jemals so nah ins Gesicht sehen zu können. Sie bewegte sich umgedreht auf ihn zu und bemerkte im Umkehren, daß jetzt schon die Abendlichter brannten. Als sie an dem Platz ankam, war es Nacht, wieder zu spät gekommen. Sie wikkelte schnell ihr Frühstückspapier aus. Obwohl das Brot fast dunkel angebrannt aussah, hatte es doch, als sie es dann probierte, etwas von der Gemütlichkeit der von Großmüttern gebackenen Kartoffelpuffer.

Der Bummelzug fuhr weiter, draußen regnete es sich ein. Erst versuchte sie die Bäume zu zählen, als ihr das langweilig wurde, stellte sie sich an der Unterkante des Fensters ein nach außen gerichtetes langes Messer vor und ließ es im Vorbeifahren die Baumkuppen fällen. Sie sah sie nach ihrem Vorbeifahren herunterstürzen, alle. Der Blick bestimmte über Leben und Tod. Die Bäume wehrten sich, krallten ihre Hände in ihr Gehirn, sie warf sie wie Geweihe ab.

Der Zug trudelte in den Stadtraum ein. Sie hatte ihren Stundenplan vergessen. Sie schüttelte erbost ihren Kopf über einen locker sitzenden Absatz und beobachtete wütend eine Laufmasche, die sich ruckhaft über ihren linken Fuß schlängelte. Dabei hörte sie gleichzeitig die Stimme ihrer Mutter, daß sie endlich einmal mit beiden Füßen auf der Erde landen müßte. Sie beschloß, es jetzt sofort zu üben. Sie sprang erst einmal aus dem Stehen hoch und landete auf der Straße, es machte ihr Spaß, und sie sprang höher und landete wieder, suchte sich eine Treppe, eine Mauer, kletterte immer höher und landete tiefer. Einmal vergaß sie, als sie oben war, zu springen und sah unter sich plötzlich den vorbeifahrenden Verkehr, staunte Autos, Straßenbahnen, Lichter, Menschen an. Sie hatten es alle auf eine besondere Art eilig, das warnte sie wieder aufzustehen. Die Leute, Autos, Straßenbahnen liefen und fuhren schneller und schneller, als rannten sie davon. Als sie unten ankam, war niemand mehr auf der Straße, also war sie doch wieder zu spät gekommen.

»Endlich, endlich«, sagte eine Stimme hinter ihr, »habe ich dich wiedergetroffen.« Sie drehte sich um, es war ein glänzender Ritter, dessen Äußeres ihr unbekannt vorkam. Sie durchblätterte den Katalog der ihr zur Heilung gebrachten jungen Männer, die immer nachts in ihr Hausbett getragen wurden. Jede Nacht ein anderer aus einer kriegerischen Welt, die sie zur Verzweiflung gebracht hatten, in ihre Traumwelt, die noch heil war und heilen konnte. Die Männer waren zerschossen, waren zersplittert, manche waren leer, andere blind, die nächsten schweigsam. Die einen setzte und nähte sie wieder zusammen, die anderen füllte sie mit sanften Schwingungen auf, einem gab sie liebende nährende Worte, dem nächsten schenkte sie unvergeßliche Bilder. Die Welt, aus der sie kamen, war kalt, und in ihrem Raum war es warm. Aber alle diese Männer hatte sie nur für eine Nacht in ihrer Obhut. Sie heilte sie, aber sie durfte sich nicht verlieben, und sie durfte die Männer auch nicht behalten. Sie gingen in diese andere Welt zurück, aus der sie zu ihr gebracht wurden und in der sie sich nicht mehr erkannten.

Aber diesmal wollte sie sich nicht schützen lassen und sagte gleich, wie es mit ihr stand. Sie wurde verhaftet und abgeführt. Die Rehabilitationskommission saß bereit und verurteilte sie zu ihrer eigenen Vergangenheit. Da fingen die verdammten Schwierigkeiten wieder an. Sie verließ langsam den Raum und damit die Aufzählung ihrer ungeheuren Taten. Sie lief aus dem Schauplatz der Urteile hinaus und ging einen Gang entlang. Dort hing ein eingerahmtes Bild in einer Zimmerecke, von dem sie diesmal die Zunge aus dem Gesicht schnitt. Sie wollte nicht mehr Herrn Einstein bewundern und setzte die Zunge ihrer Lieblingsfigur, der Seejungfrau, ein. Aber nicht der jüngsten und schönsten, sondern einer dunkelhäutigen älteren Schwester, die plötzlich die Hand nach ihr ausstreckte, unter der sie zu einer schnurrenden Katzenkugel zerschmolz. Hahn oder Henne, Deckel oder Topf, flocht die Alte einen Zopf und kroch in das Leben hinunter.

Sie mußte noch schnell die Zeitamplituden ändern, weil der junge dumme Ritter jetzt schon ständig in das Wasser fiel und gerettet werden wollte. Er sollte endlich heiraten, und sie stellte beider Zeiten so ein, daß der Prinz die Schwarze als junge Frau in der ersten Schönheit ihrer Jugend sah und sich verliebte. Der Frau aber gestattete sie noch einige Jahre mit sich selbst. Sie fuhr ein Stück mit ihr gemeinsam die erstaunlichsten Jahresrunden ab. Sie saßen zusammen auf einem Schlitten, der sie auf einer Eisbahn Kurve um Kurve entlangschleuderte, die Gebirge hinunter. Sie erkannte die dunkle Frau ihrer Träume wieder, die ihr die alten Strophen sang, bis sie in ihren Gesang mit einfallen konnte. Die Worte legten sich dabei in tätowierten Ringen über ihren Leib, wo sie verblieben. Sie zählte noch die Reime, da schlitterte der Ritter schon auf seine Ausgangsposition. Die Hochzeitsvorbereitungen begannen. Der Bräutigam war vom Licht der Fotografen geblendet, das ließ die Tat vollenden. Jugend wurde mit Weisheit vereint. Sie vollzog die Trauung selbst und wußte nun, daß er jede Nacht eine unvergeßliche Geschichte hören würde. Diesmal hatte sie ein endgültiges Gefühl, als ob die Ritter nie wieder in ihre Träume kämen. Sie mußte wieder Abschied nehmen. Sie hatte heute wirklich nichts eingekauft. Sie raufte sich die Haare, die Wasche wollte in die Maschine gestopft werden, der Ofen angeheizt. Alle Dinge standen jetzt mit Zeigefingern vor ihr. Sie kreuzte die Hände über die Brust und sagte, morgen wird endlich einmal aufgeräumt.

Gabriele Wolff

Die Begegnung

In der Dämmerung draußen immer derselbe Baumstamm, der von links nach rechts die Aussicht schwärzte im immergleichen Rhythmus; und das Geräusch der Schwellen, wie ein Herzschlag und noch einer und noch einer, nur daß ihr eigenes Herz nicht so gleichmäßig pochte. Gerade tanzte es einen Walzer, daß ihr fast schwindlig wurde, dabei saß sie in einem Erste-Klasse-Abteil, die Beine übereinandergeschlagen, ganz entspannt. Sie dachte an S., wie immer auf diesen Fahrten zu ihm, und schon spielte ihr Herz verrückt, als ob es vergessen habe, wie das Leben wirklich war.

Die Frau starrte nach draußen und sah doch nur ihr Gesicht, das keinen Ausdruck zeigte. Die vibrierenden Scheiben lösten die Linien in einem sanften Zittern auf. Sie schloß die Augen und sah S., wie er seinen Kopf in ihren Schoß legte. Seine geschickten Hände, die ihre goldene Armbanduhr reparierten. S., wie er die Brauen zusammenzog und Ogottogott flüsterte, ein Stöhnen unterdrückte, weil sie es nicht mochte, wenn er laut wurde bei der Liebe. Sie spürte seinen Arm um ihre Schulter. Sah sein schiefes Lächeln, mit dem er gewann. Hörte viel zu oft jene drei Worte, die er mit jeder Stimme sagen konnte, lachend, leichthin, ernst, verzweifelt.

Verdammt, warum willst du mich eigentlich nicht? Du Schuft, deine Liebe reicht nur für die Wochenenden, die Zeit zerbricht, und immer bin ich es, die die Brücke schlagen muß über Zeit und Raum und getrennten Alltag. Du mit deiner Vernunft und deinen wahren Sätzen: »Sei froh, daß wir uns das ersparen... Bei deinem Engagement im Beruf wäre wenig Platz für mich...«, natürlich fällt mir dazu nichts ein, was vernünftig klänge und dich widerlegte, und ich rette mich in Ironie. Ich will das alles nicht mehr, heute komme ich zum letztenmal, ich weiß nur noch nicht, ob ich bleibe oder gehe. Vielleicht gehe ich auch, mal sehen, ob du zusammenzuckst, deine Hand fahrig nach einer Zigarette greift, wenn ich dir sage, daß ich gehe. Dann bleibe ich, so einfach ist das, es liegt nur an dir und an mir, ob ich erkenne, daß du Angst hast, dir das Ohnemichsein nicht vorstellen kannst, daß du das Gefühl des Bodenlosen empfindest, wenn dich der Gedanke mit voller Wucht trifft – »Entschuldigung, ist hier noch frei?« – Nicken und: Aber das hast du ja gelernt, das Versteckspiel und die Kunst der Andeutung. Wenn dein Gesicht leer ist, so wie das des Fremden in meinem Abteil, dann ist alles möglich. Du könntest Geschäftsabschlüsse analysieren oder über ein Geschenk an deine Mutter nachdenken oder über uns... Weißt du noch, damals in dem französischen Lokal, wir sprachen vom Alter und unserer Angst vor dem Erwachsenwerden, und auf einmal waren deine Augen nur noch Spiegel, in denen ich mich sah, so überlegen, so ängstlich, und ich hütete mich vor der Frage: »Was denkst du jetzt?« Dann hast du gelacht und mir auf meine stumme Frage geantwortet. Banal, deine Antwort war banal, es ging um die Vorspeise, und das Schlimmste war, daß du wahrscheinlich nicht mal gelogen hast. Du entfernst dich von mir sogar über einer Speisekarte. Wenn ich diesen Mann da mir gegenüber beobachte, wie er seinen Mantel glattstreicht, bevor er ihn aufhängt, und sich dann doch so dagegenlehnt, daß er Falten haben wird am Ende der Reise, dann ist das so rührend lächerlich wie deine Angewohnheit, deine Schuhe immer nur bei Regenwetter zu putzen.

Ich will dich, ganz und gar, auch wenn ich dir das nicht sagen kann. Es ist einfach zu lächerlich, das Ganze. Alle heirateten irgendwann, Dünne, Dicke, Häßliche, Dumme, alle fanden sie jemanden. War sie denn nicht normal? Die Frau lächelte. Normal, das war doch immer der Fluch, dem sie entrinnen wollte seit der frühesten Jugend. Bloß nicht so sein wie die anderen, arbeiten, essen, schlafen, sich vermehren, alles gleich gedankenlos. Sie könnte diesen Fremden fragen, könnten Sie sich vorstellen, mich zu heiraten? Es wäre leichter, als dich zu fragen; einmal war ich kurz davor, aber du hast es gemerkt und mir den Mund mit Küssen verschlossen, die plötzlich herunterregneten wie von einem blauen Himmel – »Stört es Sie, wenn ich das Fenster ein wenig öffne? Es ist etwas stickig hier, oder sind Sie empfindlich gegen Zugluft?« Er stand schon auf, sie mußte ihm ein Zeichen gegeben haben, oder vielleicht konnte er Gedanken lesen wie S., der mich manchmal überrascht, ja fast erschreckt mit dieser Kunst. Beim letzten Treffen war es, als ich dir die entscheidende Frage stellen wollte, ich überlegte nur noch, ob ich sie spielerisch oder schroff oder ultimativ – und dann hast du gesagt, daß du dich oft einsam fühlst in der Zeit, die wir getrennt voneinander verbringen, und ich habe gewartet, daß du damit anfängst, aber es war nur das Vorspiel –

»Rauchen Sie?« Der Mann hielt ihr eine Schachtel Zigaretten hin, und sie nahm eine und ließ sich Feuer geben; der Mann lächelte sie an, und sie sah in seine braunen Augen, braun, rehbraun, mit bernsteinfarbenen Fünkchen, die aufleuchten würden, liefe sie ihm entgegen, in seine offenen Arme. S. kam schon lange nicht mehr zum Bahnhof, um sie abzuholen. Er verwandte die Zeit, um seine Wohnung für sie herzurichten, als ob sie ein Besuch wäre, der niemals überraschend kommen dürfe. Aber wenn S. alle Vorbereitungen getroffen hatte, war es wirklich ein gemeinsamer Ort. Es war warm und aufgeräumt. Die Musik, die S. ausgesucht hatte, ließ die ganze Welt von ihnen abfallen. Das Licht, gedämpft –

»Ich mache das Fenster doch lieber wieder zu, ist Ihnen das recht?«

»Danke, es ist doch ganz schön kalt geworden, man merkt, daß der Herbst zu Ende geht«, ihre Stimme war belegt. Die Frau räusperte sich. Immer war es ihre Stimme, die sie verriet; S. hatte gesagt, daß er sich zuerst in den Klang ihrer Stimme verliebt habe und in die Art, wie sie Worte lebendig werden ließ. Kalt. Herbst. Ende. Bei S. waren es die Hände, die ihr aufgefallen waren. Kräftige schlanke Finger und die zarte Haut der Gelenke. Der Mann im Abteil hatte Hände, die sie nicht auf ihrem Körper spüren wollte: schwarze Haare wucherten auf dem Handrücken, und die Nägel waren quadratisch. Fast brutal wirkten diese Hände. Aber der muskulöse Körper des Mannes, vital, kräftig, er würde sie festhalten, niemals würde er sie loslassen wie S. sie an jedem Sonntag losließ, als ob es so sein müsse.

Die Frau sah auf die Uhr. Noch fünf Minuten bis E., fünf Minuten, in denen sie sich entscheiden mußte. Die Frau nahm einen letzten tiefen Zug und drückte die Zigarette aus. Der

Mann beugte sich ebenfalls zum Aschenbecher, und sie wünschte, daß er ihre Hand berühre.

»Ich steige in E. aus«, sagte der Mann und ließ den Satz wie eine Frage klingen.

»Ich fahre weiter«, hörte sie sich antworten.

Sie verließ den Zug im letzten Moment, kurz bevor er weiterfuhr. Die Frau sah sich um, aber der Mann war verschwunden. Als sie den Schlüssel, den S. ihr schon vor langer Zeit gegeben hatte, in das Schloß seiner Wohnungstür steckte, hatte sie den Mann fast vergessen. S. kam ihr nicht entgegen, obwohl sie die Wohnungstür geräuschvoll zugezogen hatte. Die Frau hatte immer noch das Gefühl, mit der Heimlichkeit eines Spions einzudringen, wenn sie ihre Ankunft nicht deutlich markierte. »Lieber, ich bin da!« rief sie, ließ ihre Tasche auf den Boden gleiten und trat laut auf, als sie den Flur entlangging. Sie hätte schellen können, aber sie liebte die Geste, mit der sie wie selbstverständlich seinen Schlüssel aus dem Innenfach der Tasche nahm. Ihr fiel ein, daß sie noch nie allein in dieser Wohnung gewesen war. Im Wohnzimmer war es dunkel, eine Decke lag auf dem Sofa und mehrere Gläser standen auf dem Tisch. Das Schlafzimmer war leer, das Bett ungemacht. Die Frau unterdrückte den Impuls, den Stapel Bücher und Zeitschriften, die auf dem Nachttisch und dem Boden lagen, zu untersuchen. In der Küche brannte Licht. Der Herd und die Kachelwand dahinter waren mit Fettspritzern übersät, es roch angebrannt. In der Spüle stand eine wassergefüllte Bratpfanne, in der zwei schwärzliche Stücke Fleisch schwammen. Die Frau lachte. Als S. kam, fand er sie völlig versunken in ihre Arbeit; ihre langen Haare mit einem Gummiband zusammengehalten, ein Küchenhandtuch in den Bund des Kostümrockes gesteckt, scheuerte sie den Herd, als ob ihr Leben davon abhinge, seine Metalloberfläche wieder zum Glänzen zu bringen. Die Frau bemerkte ihn erst, als er sein Lachen nicht mehr unterdrücken konnte.

Sie drehte sich um.

»Wie lange stehst du hier schon? Ich dachte – wie siehst du aus? Ist irgend etwas passiert?«

»Nichts, was du nicht wieder in Ordnung bringen könntest, wie ich sehe. Naja, ich bin wohl etwas erkältet, und da bin ich auf dem Sofa eingeschlafen und zu spät wieder aufgewacht. Hier, ich habe uns gleich zwei neue Steaks besorgt.« Seine blauen Augen waren rotgeädert, die Nase glänzte, und seine Stimme war tiefer und rauher als sonst. Die Frau lief auf ihn zu und umarmte ihn. Irgendwann ließ er die Plastiktüte mit dem Fleisch fallen, und sie spürte seine Arme um ihre Taille und seine Hände auf ihrem Rücken. Sie wollte ihn nicht loslassen, und sie wollte nicht losgelassen werden.

»Eigentlich könnten wir heiraten«, murmelte sie gegen seine Schulter und dachte gleichzeitig Feigling Feigling Feigling.

»Eigentlich hast du recht«, sagte er. Seine Hand drückte ihren Kopf fester gegen seine Schulter. Sein Blick mußte auf den blankgescheuerten Herd fallen. Die Frau lachte, und er hielt sie weiter, auch als ihr Lachen sich immer mehr wie ein Schluchzen anhörte.

Julian Schutting

Heiraten – warum und wozu?

falls man selber nicht denen zugehörig, welche ohne ehemüdes Gedankenerschlaffen wie aus dieser oder jener Pistol geschossen frei heraus: »Gelds (oder: Geregelten Liebeslebens) wegen!« zu antworten vermögen, sich fürs erste, um Zeit zu gewinnen, an die mit syntaktischem Eisbruch behaftete hochexplosive Verschmelzung zweier gar nicht ganz anderer Fragen zu halten, vom Dramatiker Schiller der Antrittsvorlesung des Historikers Schiller vorangestellt auf das Risiko hin eines Satzbruchs, an welchem also mittels Sprachvergewaltigung Gepaartes eisschollengleich auseinanderbricht:

Was ist und zu welchem Ende studiert man Universalgeschichte? –

was ist das nicht für eine kühne, viel Gravierenderes als Geschlechtsunterschiede ignorierende Gleichbehandlung von Satzoberhaupt Subjekt und ihm in der Schußlinie preisgegebenem Angriffsobjekt dergestalt, daß mithilfe guten Sitten, das heißt: der Eheregel sprachlogischer Kongruenz trotzender Zwangsvermählung unvereinbarer Satzglieder der Anschein erweckt wird, überlegener Nominativ wäre dem Akkusativ bloß gleichberechtigt, zu dem Ende hin, daß vom stillschweigend gleichgestellten Akkusativ frech entmachteter Nominativ sich mit jenem so zu arrangieren hat, wie wenn beide, eins das andere verschlingend, sogleich ein und dasselbe wären, *eines* Körpers und halbierten Geistes ineinander in Flammen aufgingen! also sei es Sache eines jeden Ehemüden, den zwangsweise ineinander aufzugehen bestimmten Satzteilen die ihnen von Schiller geraubte Identität zurückzuerstatten, wenn schon Resultat menschlicher Unschuldsberaubung nicht ins Jungfräuliche reversibel, also sei durch dich als einen Scheidungsrichter an zwei unlauter verquickten Fragen diesbezügliche Paarungsunerschrockenheit des Kupplers Schiller als sprachehewidrig rückgängig gemacht, nämlich das Produkt dieser Verbindung, weder Fleisch noch Fisch, sondern Kalb-mit-zwei-Köpfen-Mißgeburt, auseinanderdividiert in die sprachliche Normalität zurückgeholt, wo auch die Voraussetzung sein soll für beschwerdefreien Ehealltag, mithilfe der Anwendung von Gesetzen, die taugen, pointierte Extravaganzen dem Sprachkörper hinwegzukastrieren zu dem Ende von Spannungsverlust und Erschlaffung innerhalb des kleinlich korrekt verkoppelten Doppelsatzes: Was ist Ehe, und zu welchem happy end genannten bitteren Ende gehen die Sterblichen eine solche ein?

also wenn schon von *dem* ausgegangen sei, der da fragen würde: Was ist und zu welchem Ende geht man Ehe ein? –
wehe dem, der, und wäre er alsbald von der Liebe, die die Liebe ist,

wie die Götter und Göttinnen bezwungen, sich einbekennen muß:

Auch das Schöne muß sterben, das Menschen und Götter bezwinget,

das mag als der Lauf der Welt eines Tages hingenommen werden müssen,

aber daß auch auf die Art von Haltbarmilch
lebenslang haltbar Geglaubtes
sich eines frühen Tages als ranzig oder verschimmelt
fürderhin unkonsumierbar erweist,
sofern man nicht, um nicht ein Klaglied zu sein
im Mund der zur Ehefrau verrotteten Geliebten,
der dann doch nicht lebenslangen Düsterhaft entschlüpft
und fernabdonnernd Gefängnistür hinter sich zuschlägt,
aus zu Herzgruft und Jammertal Gewordener
wovon sonst hinangehoben
wenn nicht von Gehirnwäsche und Erinnerungsvergessen,
von dem Narkotikum NeueLiebe = NeuesLeben
schmerzlos an dir vorgenommen, auch zur Schuldgefühlsberaubung!

der Ehegespons, dem Eheackerjoch entschlüpft, läßt sich entschuldigen, er ist nicht zu Schiff nach Frankreich, vielmehr, da die Liebe mit der Grausamkeit der Großinquisitoren: »Ich habe das Meine getan, tuet Ihr nun das Eure!« spricht, in die schwere Ackererde zurückfliehen machendem Flügelkleide, kaum daß das Herz ihm schlug, geschwind zu Pferde durch Sturm und Regen den Versen entgegen, wo, wir sind ja nicht mehr bei Schillern, bei größerem Liebes- und Liebesgedichtskünstler wortwörtlich lauten:

Und doch, welch Glück, geliebt zu werden!
Und Liebe, Götter, welch ein Glück!

warum und wozu scheitern Ehen? etwa weil dem einen und anderen kurz vor Ja-Wort Befindlichen von bislang nicht mephistophelischen Freunden auf den Kopf zu das ins Gesicht gesagt wird: Ehe ist dann für einen gut, wenn man den thrill sucht, Liebschaften geheimhalten zu müssen! (heiratest du etwa, weil nur der Heiratsweg zu dem feschen Status ›geschieden‹ führt?)

man habe geheiratet, unter anderem, um Tag und Nacht, schlaf und wach, ihr nah und fern, von an eines Finger befindlichem Ring und dessen irgendwann einmal nötigem Warngeblinke an eines Status immerdar erinnert zu werden, verläßlicher als von Schnopftüchlknopf: Goldring, als ein Fingerring doch nur von den leidigen Ledigen mit jenem Eisenring zu vergleichen, an welchem ausbruchswilde Rinder nasführet zu werden pflegen – stolzem Träger solch eines Ringes hingegen werde von beringten Ringeltauben etwa das Bild eines nichtüberlieferten Märchens beschert, in welchem verwunschene Königskinder anhand der Ringe an ihren noch taubenfüßigen Händen als Entwunschene wieder zusammenfinden dürfen, da ihm in den hochzeitlichen Tagen und Nächten solche Fuß- oder Handberingung nicht eine Besitzmarke wie an Rindernacken und Hotelservietten üblich, sondern der Erforschung des Fluges der Wildgänse und Kraniche dienlich; sagt er sich aber eines baldigen Tages, die stolzen Strecken, die diese Wandervögel auf ihren nächtlichen Zügen zurücklegen, sollten nichteruierbares Geheimnis bleiben, inklusive der Sterne, denen sie in sonnigere Länder folgen, dann wird es für ihn allmählich brenzlig, und dann mag eines Tages da sein die Nacht, wo sein Fingerglied von dem Goldring mit eingraviertem Hochzeitsdatum und Namen derjenigen, mit der er nicht nur auf diese Art zusammengeschweißt bleiben soll, derart beengt wird, daß auch der übrige Finger blaurot ins Beängstigende anschwillt und ihm, da Gezerre nichts hilft und Gleitmittel versagen, wie einem zumute ist, um dessen Hals Henkerschlinge sich aufs erstickendste zusammenzieht – von der Panik befallen, dieser wie nach Schlangenbiß angeschwollene, bald ins Empfindungslose erbleichte Leichenfinger müßte ihm absterben und abfallen, fände nicht sogleich dessen Scheidung statt, mag er dann spätnachts ein Spital aufsuchen, zu einer Notoperation; dort mit Durchtrennung des Ringes schmerzlosen Herzens aus einem Metallsarg geschweißt, alsbald freien Ausschreitens auf das Nachtcafé zu seiner Junggesellentage.

tja, auch im Vertrauen auf Sprache und Sprachgefühl mag so mancher geheiratet haben: wenn es ihm die deutsche Sprache als affektiert verwehre, von seiner ›Geliebten‹ zu sprechen, als nichtaltersgemäß, weil allzu salopp, von seiner ›Freundin‹, wie ja auch in Anbetracht der eheähnlich unselig lang hinausgeschleppten Verlobungszeit eines Grillparzer ›Verlobte‹ genauso wenig in Betracht käme wie ein aus Großelternzeiten weltanschaulich und pragmatisch verunreinigtes ›Lebensgefährtin‹, dann bleibe doch nur, dafür zu sorgen, daß er von ihr, auf die auch ›meine loverin‹ zu sagen ein müder Scherz wäre, per ›meine Frau‹ angemessen rede, für so viel sprachliche Rücksicht mit einem Seelenkitzel belohnt, sooft ihm mitgegeben würden Handküsse an die ›Gattin‹, wenn nicht gar ›Frau Gemahlin‹!

Sprachmagie, Evotionskraft der Namens- oder Gattungsnennung, der man, als wäre Dichtung und Wirklichkeit eines, zuviel zutraut dann, wenn man auf sie baut im täglichen Leben: über das Wohlergehen eines ›Frau‹ befragt zu werden, in einer Gesellschaft zu erzählen, was eines Frau unlängst . . ., und auf Zeit weiß man sich davon inmitten von nachträglich zu Trauzeugen Gemachten wie während Ja-Worts an ihrer Seite, auch wenn sie nicht anwesend und nicht gegenwärtig in eines Gedanken und Herzen – »also meine Frau bevorzugt . . .«, während Gescherzes mit einer anderen zu sagen, und eine Zeitlang hat solch ein Satz noch die Kraft, sie dir im Gedächtnis lebendig zu machen, wird sie erst später, wenn Wort schon entseelt, nicht mehr dir zugehörig Fleisch und Geist werden lassen, sondern mißglückte Geisterbeschwörung.

auf Ludwig Börnes Wahrwort, auf seinen Wahrwitz »Ist sie seine Geliebte oder nur seine Frau?« sollte sich so mancher beizeiten besinnen, statt vor allem zu heiraten, um als ein Kavalier den Status eines immerwährenden Provisoriums der gerade noch Geliebten nicht länger zuzumuten; um nicht von ihrer Verwandtschaft als einer angesehen zu werden, der der Dauer des Ganzen so wenig traue, daß er selbst in der allerfrischesten Liebeszeit nicht so viel Selbsttäuschung aufbringe, um sich den vorsorglichen Gedanken an komplikationsfreies Auseinandergehen im Eventualfall als eine Beleidigung der jungen Liebe aus dem Kopf zu prügeln.

und man sollte auch nicht nach recht kurzer Bekanntschaft und Liebschaft mit den Worten: »Lieber heut als morgen!« einen Heiratsantrag machen, »jedenfalls möglichst bald, bevor wir uns das erste Mal so streiten, daß das auch schon das letzte Mal!«, als müßte so dümmlichem Scherztreiben Schmerztreibendes entsteigen.

oder ein so faustisches Heiratsmotiv wie das, daß einem als eine Horizonterweiterung die Erfahrung zu machen vorschwebt, wie es ist, verheiratet zu sein? sobald er dann weiß, wie das halt so ist...

oder wohlbedacht sich zum Heiraten eine zu nehmen, mit der der Glanz der ersten Wochen nicht abnehmen und gewiß nicht dem trauerdurchtränkten Erstumpfen des Herzens und dessen Beklagungen der Vergänglichkeit in allem weichen werde, weil man sie vom ersten Augenblick an nur mit Maßen liebe, ohne die geringste Wahrnehmung weitausschwingender Herzensbewegungen? ja, dann muß halt geschieden sein, sobald eine andere Herzenswogen weckt zum Darin-ertrinken, dank derer auf Zeit Mumifiziertes ja doch oder wieder zu leben weiß!

ach wissen Sie, sagt ein anderer, alles Käfigdasein wäre ganz gut gegangen, hätte sie nicht Gott und der Welt beteuert, genauso wie sie brauche auch ihr Mann einen Freiraum – so hat mir der als ein eng bemessenes Klohäusel aufgehen müssen, habe mich aus ihm retiriert, und es ist ja bekannt, daß so manche Ehe an der Unerträglichkeit scheitert, wie der andere, er oder sie, die Wasserspülung bedient!

und für meine Ehe, so wieder ein anderer Echappierter, war es tragisch, daß mir Frischgetrautem eine Unbekannte gratuliert hat, auf einen Blick als die zu erkennen, die vorm Altar neben mir hätte stehen sollen – aber die Pein wär noch größer gewesen, wäre sie vor der Trauung mit Glückwünschen an mich herangetreten: hätte nicht die Geistesgegenwart gehabt, mit einem epileptischen Anfall mich ihr zu reservieren!

ach wissen Sie, so manche Ehe hätte sich schon nicht als so rasch wie Seifenblasenpulver auflöslich bewiesen, wüßten sich die Hochzeitspaare nicht von der Unwiederbringlichkeit eines Tages, eines Augenblicks oder einer Stunde genötigt, sich dem Treuekiller Glücksverewiger auszuliefern Hand in Hand, statt sich der Archivierung dann lebensunfähigen jungen Glücks zu verweigern – oder wäre nicht bald schon auf solchen Hochzeitsbildern hingegangener Schwung der Dummen zum Erstarren gebracht, der Irrtum fixiert, einem veranstalteten Augenblick unhaltbaren Glücks es zugetraut zu haben, außerhalb der Photographie sich fortzuentwickeln, in neue Zeit und Ewigkeit? fort, ja fort von dir habe ich mich entwickelt, und auch das, was da neben mir in einer Gondel sitzt, ostentativ glücksstrahlend von mir gleich demonstrativ umschlungen in Hochzeitspaarmanier, das ist nicht mehr die du Gewesene, also soll sich diejenige um einen andern umsehen, die sich schon nach wenigen Tagen nur mehr von Ferne ähnlich ist, und daher auch für mich her mit un' altra, nur geheirat't soll nicht mehr sein.

und wozu haben *Sie* sich scheiden lassen? da wüßt ich noch eher, warum ich geheiratet hab!

Mirko Bonné

Herr Ich und Frau Plath heiraten *

1

Warum kommen Sie nicht mit mir,
hinüber in diesen Klamaukorkan?
Ich hatte Freunde, die warteten dort,

abgebrochen und zwischen den Fingern
aufgrund ihres Moschus zerrieben,
muschelförmige, süße Farnblätter.

Eine leere Scheune von Ballsaal,
übersät mit Konfetti, Stethoskopen,
khakifarbenen Papiertaschentüchern.

Zeig mir, was wirklich ist und
interessant an einem Krankenhaus,
sagte es vogeläugig, mit Flügeln. **

Laß all meine Vorlesungen ausfallen,
komm auf ein langes Wochenende herunter,
nimm mich richtig in die Mangel.

* Alle nichtkursiven Wörter übersetzt aus: Sylvia Plath, »The Bell Jar«, Faber & Faber, London 1966

** das langsame Insekt, das auf Herrn Ich zuflog

Geholper

Sie war froh über Honig, Mondkraterpläne,
Ausbrüche von Gelächter, alles, was abschmiert,
selten ist, steuernd nichts, nicht einmal sich,

holpernd von *h* zu *w* und weiter zu *p*
und von *p* zu ihrem *h* und zurück zu *w*,
ein kleiner denkender Elektrobus.

OoooooooooooO
unvorsichtig mit Absicht
zur nächsten Straßenecke gehn,

langstreifen die Gebäudemauern
zur Linken, mit den Zehenspitzen
und mit zwei langen Fingern,

dich zu versichern
des Halts, daß du nicht
fällst, fällst, fällst.

Ein zartblauer Brief

zwischen den laken, den essays
vom einschlafen, dort war unmöglich
von dem brief seine augen zu lassen
ihn zurück in den umschlag zu stopfen

ich hätte selbst hineinkriechen müssen
oder eine turnhalle errichten darin
mit spielenden kindern oder in der
die kleine tourneebühne gastiert

in der verbotenen jungenumkleide
scheherazade beim umziehen
die erschöpfte form einer frau
deren kopf du abtrennen mußt

um den rest in dem spiegel zu sehn
den du durchschiebst unter der tür
daß dich ein blauer wisch heimschickt
anderntags abzufangen am briefschlitz

wenn Papa blind sein akkordeon liebt
daß oben dein bett an die wand kriecht
in der die tapete löcher verdeckt für
augenhöhlen, verstecke, hmm

Stuben fliegen

Phisas *sosis*
osas *salas*

laso *siphis*
sosa *rodis*

sos *sis*
sos *sas*

drophos *silaph*
drosos *philas*

droso *phila*

Der Bogen

Sie stöhnte tief und kippte,
    aus Herrn Ichs Armen. Ist
        dort blau, auf was ich schau?
            So kann Wildleder leuchten?
        Sie beugte sich vornüber, als ob...
Sie habe etwas fallengelassen...
    Herr Ich summte (*wie auch Frau Plath*)...
            Er spürte die Dunkelheit, aber sonst...
        Sie hob den Kopf spürend, wie... Er
    küßte sie ruhig und... Sie blieb auch.

6

Das Ich stellte Herr Ich
am Ich von Herrn Du auf.
   Schwarzer Raum du,
stotterte Ich,
   ich a . . .
   . . . Ja.
So klang Frau Plaths
   letztes Wort.
Zeit zu sterben, jahrealter Ekel.
So klang Frau Ichs erster Satz.

Dorothea Dieckmann

Vor der Liebe

Personen:
Türhüter (Das Gesetz)
Der Liebende
Martin Luther
Advocatus diaboli
Der moderne Engel
Eine verschleierte Gestalt

Ort:
Pforte vor dem Tempel der Liebe

Zeit:
Im zwanzigsten Jahrhundert

I.

Türhüter, seitlich im Vordergrund Martin Luther

Türhüter: Ich bin das Gesetz.
Man gehorcht mir.
Früher gehorchte mir auch die Liebe. Sie duckte sich, ich bestimmte. Ich regelte, was Liebe sei, ohne ihr Zutun. Ich verordnete Liebe, wo die Notwendigkeiten – Stand, Politik, Nachkommen, Arbeit, Geld – meinen Segen forderten. Außerhalb dessen galt mein Verbot. Die Liebe spielte nebenher, nur heimlich frei, in gesetzlosen Räumen. Es geschah selten und nur zufällig, daß ich zwei Liebende aneinanderband.
Nach und nach kehrte sich das Verhältnis um. Immer häufi-

ger war es die Liebe, die mich aussuchte. Nicht mehr die Notwendigkeit. Statt den Zwang abzusegnen, segnete ich die Wahl. So, wie ich sie brauchte, gebrauchte die Liebe mich.
Heute muß ich selbst darum fürchten. Die Liebe braucht mich nicht mehr. Sie nimmt meine Dienste nach Belieben in Anspruch, meint, auf mich verzichten zu können. Selten fiel früher die Wahl des Gesetzes auf die Liebe. Heute verfällt die Liebe, selten nurmehr, auf das Gesetz.
Wer gehorcht wem?
Mit der Liebe kann ich nicht streiten. Sie existiert nicht so, wie ich existiere. Auf den Einzelnen kommt es an. Auf jeden Einzelnen. Ich versuche es mit ihm. Ich versuche ihn.

> MARTIN LUTHER: Nach diesen Geschichten / Versuchte Gott Abraham / und sprach zu jm / Abraham / Und er antwortet / Hie bin ich.

(Der Liebende tritt auf, will am Türhüter vorbeigehen)

TÜRHÜTER: Halt!
DER LIEBENDE: Ja?
TÜRHÜTER: Bist du einer von denen, die ein Einziges, ein Liebstes haben?
DER LIEBENDE: Ja.
TÜRHÜTER: Dann beweise es!
DER LIEBENDE: Wieso sollte ich das tun? Ich habe meine Liebste, und wir sind uns genug.
TÜRHÜTER: Und morgen kommt die nächste.
DER LIEBENDE: Nein. Nein! Ich kann mir nicht vorstellen, daß ich sie je aufgeben werde – oder sie mich.
TÜRHÜTER: Sie ist doch sicher nicht deine erste. Es wird euch gehen, wie es schon immer gegangen ist. Ihr werdet auseinandergehen – oder zusammenbleiben in dauernder Langeweile.
DER LIEBENDE: Nein. Diesmal ist es Liebe.
TÜRHÜTER: Du meinst, ihr habt ein Drittes gemeinsam, das größer ist als ihr?
DER LIEBENDE: Ja. Größer als wir und als alles andere.
TÜRHÜTER: Wie groß?

DER LIEBENDE: Da ich sie jetzt kenne, die Liebe, kann ich es dir sagen. Sie ist ewig, und sie ist niemandem und nichts unterworfen. Sie ist stark, sie ist frei, sie ist unendlich.

TÜRHÜTER: Oha! Ist sie stärker als ich?

DER LIEBENDE: Ja.

TÜRHÜTER: *Ich* bin das Gesetz, *ich* stehe über allem, *ich* bin ewig!

DER LIEBENDE: Sie ist stärker als du!

TÜRHÜTER: Ich glaube es nicht. Keiner wird es dir glauben. Nicht einmal du selbst weißt es.

DER LIEBENDE: *(emphatisch)* Wie kann ich es je wissen? Heute, und hier, bin ich ganz gewiß. Ich bin von der Liebe eingenommen, in ihr bin ich aufgehoben, ihr – und mir – kann nichts etwas anhaben.

TÜRHÜTER: Auch ich nicht?

DER LIEBENDE: Auch du nicht.

TÜRHÜTER: Wetten wir?

DER LIEBENDE: Warum nicht?

TÜRHÜTER: Also: Würdest du das öffentlich wiederholen – für alle? Es unterschreiben?

DER LIEBENDE: Für hier und heute – ja.

> MARTIN LUTHER: Und er sprach / Nim Jsaac deinen einigen Son / den du lieb hast / und gehe hin in das land Morija / und opffere jn da selbs zum Brandopffer auff einem Berge / den ich dir sagen werde.

TÜRHÜTER: Dann heirate! Tragt eure Liebe hierher, fesselt sie, legt sie auf meinen Altar und opfert sie als Brandopfer. Als Fanal, sichtbar für alle.

DER LIEBENDE: Sie ist frei. Und ich soll sie fesseln? Sie ist ewig, und ich soll sie töten?

TÜRHÜTER: Du meinst also, sie geht daran zugrunde? Du hältst sie doch für schwächer als mich?

DER LIEBENDE: Nein!

TÜRHÜTER: Du meinst, wenn man sie fesselt, wird sie unfrei, wenn man sie opfert, stirbt sie.

DER LIEBENDE: Nein!!

Advocatus diaboli, ein sprechender Rabe, flattert herbei und setzt sich auf die Schulter des Türhüters.

ADVOCATUS DIABOLI: Paß bloß auf! Du rechnest damit, daß ihr das durchhaltet, du und deine Liebste? Ihr wollt euch aneinanderketten lassen und trotzdem freiwillig beieinandersein? Ihr wollt eine öffentliche Liebeserklärung abgeben und euch dennoch selbst genügen? Das ist paradox. Eine solche Rechnung kann nicht aufgehen.

DER LIEBENDE: Mich schert die Logik nicht. Die Liebe kann auch das Widerspruchsprinzip außer Kraft setzen.

ADVOCATUS DIABOLI: Liebe und Gehorsam, wie geht das zusammen? Du behauptest, deine Liebe steht über allem, und duckst dich vor dem Gesetz. Um ihm zu genügen, setzt du sie aufs Spiel.

DER LIEBENDE: Ich bin eine Wette eingegangen. Ich werde allen zeigen, daß ich die Liebe gefunden habe, indem ich sie gesetzlich erkläre. Sie wird die Berührung mit dem Gesetz überleben.

ADVOCATUS DIABOLI: (*im Davonfliegen*) Du bist größenwahnsinnig ...!

DER LIEBENDE: Eben!

MARTIN LUTHER: Und als sie kamen an die stet / die jm Gott saget / bawet Abraham daselbs einen Altar / und legt das holtz drauff / Und band seinen son Jsaac / und legt jn auff den Altar oben auff das holtz.

II.

Vor dem Altar: Der Liebende, eine verschleierte Gestalt, der Türhüter. Martin Luther weiterhin vorne auf der Seite. Auf der andern im Vordergrund spricht der Moderne Engel zu einem unsichtbaren Publikum.

DER MODERNE ENGEL: Verehrte Trauergäste! Wir wohnen einem Anachronismus bei. Das Paar ist eine verlorene Sache, ein Restposten. Im Paar überleben beide Teile die Liebe; was übrigbleibt, ist eine Form, eine Zweipersonenform, die beide nicht ausfüllen können. Vielleicht haben sich nur einmal Vernunft und Geschichte die Hand gegeben: als sie diese Institution überholten. Das, was beginnt, wenn die Liebe auf dem Altar des Gesetzes geopfert wird. Tisch und Bett, zusammen leben, zusammen altern, und der eine sieht dem Sterben des andern zu.

Die beiden Teile des Paars nehmen Anteil aneinander. Sie teilen die Adresse, den Kleiderschrank, das Telefon, den Korb mit Schmutzwäsche, den Briefkasten, das Klo, das Videogerät, den Apothekenschrank. Dauernd verbunden, werden Eigenheiten zu Eigenschaften, Besonderheiten zu Gewohnheiten. Zahnrad greift in Zahnrad, Veränderungen gefährden das Ineinandergreifen der Zacken, der Ecken und Kanten.

Manche installieren Mechanismen, die ihnen Abstand gewähren, interne Trennungen, denn sie wissen: Entweder sie reduzieren die Nähe – oder die Nähe reduziert sie. Herablassende Skepsis gegenüber den Abgeklärten ist billig: Ihre Arbeit zur Rettung eines Restes an Liebe sollte hochgeschätzt werden. Sie gewinnen ohnehin nicht viel.

Doch sie vermeiden Verluste – solche, die durch Reibung entstehen wie Späne beim Hobeln, wenn sich in der übernahen Nähe zweier Menschen die Eigenheiten des einen in die des andern und die des andern in die des einen so tief eingraben, daß am Ende nicht mehr die Zahnräder, sondern nur mehr ihre ins Skurrile gefeilten Zacken übrig sind: groteske, überdeutliche Unverwechselbarkeiten, die ihr Negativ ins Material des Gegners geschliffen haben. Was hier zuviel ist, ist dort zuwenig: Reden und Schweigen, Entzug und Entgegenkommen, Vorwurf und Schuld, Bekenntnis und Verlegenheit, Wut und Stille, Schlaf und Schlaflosigkeit. Und immer die Bereitschaft, dem andern ins Fleisch zu schneiden. Je größer die Auswüchse und Einbuchtungen werden, desto mehr Späne fallen. Wiederholen, Tiefergehen, Durchsetzen, Streiten, Einanderbloßstellen, Einanderverletzen: das ist der Weg zur Kultur des Paares. Die Transformation der Gemeinsamkeit in Unentbehrlichkeit. Die Ausbildung des siamesischen Zwillings, den die Liebe zusammengebracht hat und der Haß beieinanderhält.

Der Liebende:

Ich glaube: Liebe ist Liebe.
Ich glaube: Heiraten ist nicht Heiraten.
Ich glaube: Ehe ist nicht Ehe.
Ich glaube, daß die Selbstverstümmelung Erweiterung ist.
Ich glaube, daß die Fesseln Freiheit geben.
Ich glaube, daß die Institution ein spontaner Akt ist.
Ich glaube an die Vereinbarkeit von einzelnem und Gesellschaft.
Me is I.
Das Öffentliche ist das Private.
Gefühl und Gesetz sind eins.
Die Liebe besiegt alles.
Dies ist die Utopie.
Credo quia absurdum.

Martin Luther: Und recket seine Hand aus / und fasset das Messer / das er seinen Son schlachtet.

(der Engel hebt sich in die Luft, die Stimme entfernt sich bis zur Unhörbarkeit)

Der Moderne Engel: Wer sich liebt, halte sich voneinander fern! Nur diese erwartet Unerwartetes. Nur diese können mit Unbekannten rechnen. Sie erleben, statt zu überleben. Sie sind, von Mal zu Mal, ein Paar nur in einem Sinn: als Paar, das sich ereignet...

Applaus erhebt sich. Während er abebbt:

Der Liebende: Ja!
Die verschleierte Gestalt: (*mit hellerer Stimme*) Ja!

Im Hintergrund steigt eine Flamme hoch.

Martin Luther und der Türhüter: Nu weis ich / das du Gott fürchtest und hast deines einigen Sons nicht verschonet / umb meinen willen.

Katrin de Vries

Die Hure H will heiraten. Aber.

Die Hure H will heiraten.
Aber.
Wie soll die Hure H heiraten.

Ich will das Kleid tragen. Sagt die Hure H.
Und die Schuhe will ich tragen. Sagt die Hure H.
Und den Schleier und das Täschchen will ich tragen. Sagt die Hure H.
Und die Hure H packt das Kleid und die Schuhe und den Schleier und das Täschchen in eine große Tasche.
Mit der großen Tasche in der Hand geht die Hure H los.
Die Hure H will heiraten.
Aber. Die Hure H weiß nicht wie.
Also geht die Hure H los.

Überall sind Hügel, wo die Hure H losgeht.
Große und kleine und hohe und niedrige Hügel sind überall, wo die Hure H geht.
Die Hügel sind aus Lehmerde.
Die Hure H geht über die Hügel hinweg. Und geht um die Hugel herum.
Überall Hügel. Denkt die Hure H.
Wo soll ich hingehen. Denkt die Hure H.
Die Hure H geht um einen hohen Hügel herum.
Da sieht die Hure H hinter dem Hügel ein großes, ein hohes Turmgebäude sich erheben.
Dort gehe ich hin. Denkt die Hure H.
Und die Hure H geht.
Und bald erreicht die Hure H das große, das hohe Turmgebäude.

Das große, das hohe Turmgebäude ist aus roten Backsteinen.
Das große, das hohe Turmgebäude hat oben viele Türme.

Die Hure H stellt ihre große Tasche vor den Eingang des großen, hohen Turmgebäudes ab.
Ich will heiraten. Denkt die Hure H.
Ob ich hier heiraten kann. Denkt die Hure H.
Die Hure H steht und wartet.
Da kommt eine alte Frau um ein Eck des Turmgebäudes herum.
Die Alte humpelt.
Die Alte trägt schwarz.

Was ist. Sagt die Alte. Was tust du hier.
Ich will das Kleid tragen. Sagt die Hure H. Ich will das weiße Kleid tragen.
Warum. Sagt die Alte.
Ich will heiraten. Sagt die Hure H.
So. Sagt die Alte. So.
Dann ziehe das weiße Kleid an. Und dann geschieht es.
Was geschieht. Sagt die Hure H.
Das weiß ich nicht. Sagt die Alte. Aber es geschieht.
Ich habe kein weißes Kleid getragen. Sagt die Alte. Deshalb weiß ich nicht, was beim weißen Kleid geschieht.
Du hast nicht geheiratet. Sagt die Hure H.
Ich habe geheiratet. Sagt die Alte.
Dann hast du ein weißes Kleid getragen. Sagt die Hure H.
Nein. Sagt die Alte. Ich habe ein schwarzes Kleid getragen.
Ein schwarzes Kleid hast du getragen. Sagt die Hure H.
Du trägst jetzt ein schwarzes Kleid. Trägst du jetzt dein Hochzeitskleid. Sagt die Hure H.
Nein. Sagt die Alte. Er ist gestorben. So trage ich schwarz.
Und ich trug schwarz, als wir heirateten. Ein schwarzes Kleid mit Samtkragen trug ich.
Ein schwarzes Hochzeitskleid. Sagt die Hure H.
Ja. Sagt die Alte. Schwarz war die Farbe. Alle trugen schwarz.
Es war feierlich. Es war würdevoll. Ich war die Braut. Ich war würdevoll. Ich. Die Braut.
Ein weißes Kleid ist auch würdevoll. Sagt die Hure H.
Vielleicht. Sagt die Alte. Vielleicht ist es auch mit Würde.

Aber es ist ein weißes Kleid. Ein weißes Kleid mit Spitzen und mit Perlen. Und weiße Schuhe. Unter dem weißen Kleid wird der Leib bewahrt. Der Leib ist dort unter dem Kleid bewahrt.
Ich will das weiße Kleid tragen. Sagt die Hure H. Aber mein Leib ist dort nicht bewahrt unter dem weißen Kleid.
Ziehe es an. Das weiße Kleid. Stülpe es deinem Leib über. Das weiße Kleid. Wo ist es. Ich helfe dir.
Hier ist es. Hier in meiner Tasche ist es. Sagt die Hure H.
Und die Hure H öffnet ihre große Tasche. Die Hure H holt das Kleid heraus und legt es sich über ihren linken Arm. Die Hure H holt den Schleier heraus und legt den Schleier über das Kleid. Die Hure H holt die Schuhe heraus und nimmt die Schuhe in die linke Hand. Dann holt die Hure H das Täschchen heraus und behält das Täschchen in der rechten Hand.
Und nun. Sagt die Hure H.
Hier am Turmgebäude kommt niemand vorbei. Sagt die Alte.
Hier kannst du dich ausziehen. Hier kannst du das weiße Kleid anziehen.
Da übergibt die Hure H der Alten die Schuhe und das Täschchen und den Schleier und das Kleid.
Die Hure H zieht sich aus.
Und dann ist die Hure H ausgezogen.
Und dann zieht die Hure H das weiße Kleid an. Und die weißen Schuhe.
Die Alte schließt der Hure H den Reißverschluß.
Die Alte setzt der Hure H den Schleier auf den Kopf.

Die Hure H nimmt das Täschchen.
Und jetzt gehe am Turmgebäude entlang. Sagt die Alte.
Erzähle mir, was dein Leib fühlt.
Und die Hure H geht am Turmgebäude entlang.
Die Hure H sieht am Turmgebäude hoch.
Das Turmgebäude ist sehr hoch.
Über dem Turmgebäude sieht die Hure H den Himmel.
Die Hure H sieht an sich herab.
Das Kleid bauscht sich.
Die Hure H geht langsam und mit kleinen Schritten.
Die Hure H geht langsam und mit kleinen Schritten zur Alten zurück.

Was fühlt dein Leib. Ruft ihr die Alte entgegen.
Er fühlt nichts. Sagt die Hure H.
Das kann nicht sein. Sagt die Alte. Er ist unter dem Kleid bewahrt. Er wird nur heute so gezeigt. Fühle ihn.
Ich fühle nichts. Sagt die Hure H.
Gehe noch einmal. Sagt die Alte. Du hast das weiße Kleid an. Dein Leib muß beginnen zu fühlen. Gehe. Gehe ein Stück den Hügel hinauf.
Und die Hure H geht.
Die Hure H hebt das Kleid.
Die Hure H geht ein Stück den Hügel hinauf.
Bald kommt die Hure H zurück.
Die Schuhe werden schmutzig. Sagt die Hure H.
Und der Saum des Kleides wird schmutzig. Sagt die Hure H.
Ja. Sagt die Alte. Das ist möglich.
Aber sag, was fühlt dein Leib.
Ich bleibe still stehen. Sagt die Hure H.
Nichts darf schmutzig werden. Sagt die Hure H.
Du trägst das Kleid und die Schuhe nur einmal. Sagt die Alte.
Nichts darf schmutzig werden. Sagt die Hure H.
Du hast schwarz getragen. Sagt die Hure H. Bei dir konnte nichts schmutzig werden.
Du trägst das Kleid und die Schuhe nur einmal. Sagt die Alte.
Es darf nichts schmutzig werden. Hörst du. Sagt die Hure H.
Was willst du tun. Sagt die Alte.
Jetzt trägst du das Kleid. Jetzt. Was willst du tun. Willst du hier stehenbleiben.
Ich fühle den Leib nicht. Sagt die Hure H.
Nein. Sagt die Alte.
Ich gehe jetzt. Sagt die Alte.
Wo gehst du hin. Ruft die Hure H.
Ich gehe in das Turmgebäude hinein. Sagt die Alte.
Nimm mich mit. Sagt die Hure H.
Nein. Sagt die Alte. So kannst du nicht mitgehen.
Laß mich nicht allein. Ich werde mich wieder bewegen. Sagt die Hure H.
Die Alte geht.
Die Alte geht am Turmgebäude entlang.
Die Alte geht den Weg zurück den sie kam.
Die Alte geht hinter das Turmgebäude.

Die Hure H hört wie eine schwere Tür geöffnet wird und wieder zufällt.
Da steht nun die Hure H.
Das weiße Kleid bauscht sich.
Die Hure H friert.
Oh. Sagt die Hure H.
Ich friere. Mein Leib friert.
Alte. Komm zurück. Ruft da die Hure H. Ich spüre meinen Leib. Mein Leib friert.
Die Alte kommt nicht.
Ich friere. Denkt die Hure H. Ich friere, und ich kann nicht mehr stehen. Ich muß mich hinhocken.
Da hockt die Hure H sich hin.
Da hockt die Hure H und friert immer mehr.
Da hockt die Hure H im lehmfarbenen Boden, hat die Beine angewinkelt, umschlingt die Beine mit den Armen, friert und spürt so die ersten Regentropfen.
Ich muß zurück. Denkt die Hure H. Ich spüre die ersten Regentropfen. Ich muß zurück. Ich muß weg vom Turmgebäude. Weg von den Hügeln.

Die Hure H steht auf, nimmt ihre große Tasche und macht sich auf den Weg zurück.
Es regnet.
Das weiße Kleid beginnt am Leib zu kleben.
Der Leib friert.
Der Boden weicht auf.
Die Hure H zieht die weißen Schuhe aus.
Die Hure H schmeißt die weißen Schuhe in die große Tasche.
Die Hure H schmeißt das Täschchen in die große Tasche.
Die Hure H nimmt den Schleier vom Kopf.
Die Hure H läßt den Schleier fallen.
Der Schleier fällt auf den lehmfarbenen Boden.
Das Kleid ist naß.
Der Leib wird naß.
Der Leib wird kalt.
Der Regen wird heftig.
Die Hure H geht. Läuft. Und rennt.
Die Hure H geht, läuft und rennt über die Hügel hinweg.
Die Hure H geht, läuft und rennt an den Hügeln vorbei.

Bis die Hure H dort ist, wo sie losging.
Es regnet.
Der Leib ist naß. Ist kalt.
Das Kleid klebt oben am Leib.
Das Kleid hängt unten schwer herab.
Wasser rinnt am Kleid hinab.
Rinnt unten aus dem Saum.
Tropft unten aus dem Saum.
Die Hure H holt die große Tasche, öffnet sie, holt die weißen Schuhe heraus, zieht die weißen Schuhe an.
So. Sagt die Hure H.
Wasser tropft unten aus dem Saum.
Tropft jetzt auf die Schuhe, rinnt von den Schuhen herab.
Mein Leib ist naß. Denkt die Hure H.
Ganz ganz naß ist mein Leib. Denkt die Hure H.
Ich muß das Kleid ausziehen. Denkt die Hure H.
Ich muß meinen nassen Leib wärmen. Denkt die Hure H.
Und die Hure H beginnt das Kleid auszuziehen.

Gleich wird die Hure H ihren nassen Leib wärmen.

Carmen Korn

Traum Hochzeiten

Du trägst keinen Cut. Dein Stiefvater tut es und begeht damit den Faux pas, eleganter zu sein als der Bräutigam. Doch du siehst umwerfend aus, wie du da in der Kirchentür stehst in diesem lässigen Anzug, der nur das Grau mit dem Cut gemein hat und unter dessen Jackett du sonst ein anthrazitfarbenes T-Shirt trägst, doch heute ist es ein weißes Hemd und eine Krawatte in der Farbe von Steinkohle, aufgehellt durch schmale weiße Streifen. Ich falle ja auch fast um, denn ich habe einen zu hastigen Schritt nach hinten getan, um deine Mutter durchzulassen. Keine Schleppe, über die ich stolpern könnte, doch das Schlauchkleid, das ich trage, läßt mir kaum Freiheit bei den Schritten, und außerdem zeichnet es alles an meiner Figur deutlich ab. Der Blick deiner Mutter bleibt auch schon an dem Hauch von Schwellung auf Bauchhöhe hängen, doch sie weiß, daß sie sicher sein kann, es als eine der ersten zu wissen. Ich bin nicht schwanger, unsere Heirat geschieht ganz ohne diesen Druck, das Bäuchlein ist Vorbote der üblichen monatlichen Unannehmlichkeit. Deine Mutter hat sich abgewandt, um dich zu mustern. Deine Haare sind ihr zu lang, sie kann nicht leiden, wenn es in weichen dunklen Locken fällt. Als du ein Kind warst, hat sie dir Kurzschnitte verpaßt, die dich erst Jahre später erfahren ließen, daß dein Haar sich lockt. Dein Vater hatte Locken. Der Stehgeiger, wie er in deiner stiefväterlichen Familie heißt. Er ist lang schon aus deinem Leben gegangen, erst verjagt und dann verstorben. Du kultivierst die Erinnerung an ihn, seit du dir erlaubst, deine beiden Erziehungsberechtigten nicht leiden zu können. Nein. Du kannst deine Mutter nicht leiden. Du liebst sie nur leider und unglücklicherweise. Das tat dein Vater auch. Und dann hat er all die großen Schmerzen darüber in die kleinen Lieder gelegt, die er auf der Geige spielte.

Einen Schmerz gibst du auch hinein, wenn du Klavier spielst, doch ich hoffe, dir eine bessere Muse zu sein, die das Heitere und Fetzige in deiner Musik bewirkt.

Von deinem Vater das Talent, vom Stiefvater die Kohle. Da deine Mutter inzwischen durch die Reihen gegangen ist, um allen zu beteuern, daß ich noch kein Kind erwarte, wird jetzt gemutmaßt, daß ich dich deines Geldes wegen heirate. Glauben sie, es bedarf dieser Gründe? Sehen sie nicht, daß du ein Mann bist, der mir das Herz zum Schmelzen bringt? Sie haben dich immer unterschätzt, die ganze Mischpoche. Du bleibst eben der Sohn des anderen. Da kommt der Pfarrer auf uns zu und lächelt uns an und sagt kein Wort, nimmt nur deine Hand und meine Hand, als wisse er alles. Gerade in dem Augenblick fällt ein Sonnenstrahl durch das hohe Fenster des Seitenschiffes, in das der heilige Georg und sein Drache eingeglast sind, und legt einen leuchtenden Fleck auf deine Brust, rot wie das Glas um des feuerspeienden Drachens Rachen. Ein Spiel des Zufalls, doch es paßt in die Inszenierung. Wir haben dem Drängen deiner Mutter, in einer katholischen Kirche zu heiraten, nicht ungern nachgegeben, denn wir beide wissen eine gute Show zu schätzen, haben oft genug selbst in den Clubs auf der Bühne gestanden, du am Klavier und ich als Sängerin.

Vater im Himmel. In der Freude unserer jungen Liebe komme ich zu dir. Die Orgel setzt ein, und alle stehen sie in den Kirchenbänken und drehen sich um, sehen uns an, die wir jetzt zum Altar gehen sollen. Ein Geraune geht los, wo wohl die Eltern der Braut sind. Kein Vater da, der sein Kind dem Manne zuführt. Er juckelt mit der Mutter des Kindes im alten Ford Transit durch Indien. Die Gebetsglöckchen, die an einer Schnur oben an der Windschutzscheibe hängen, läuten im Takt der Schlaglöcher. Spurensuche. Selbstfindung. Meine Eltern glauben nicht an Hochzeiten. Doch ihre Tochter reicht dir froh die Hand zum ehelichen Bunde, taucht in dein verlegenes Lächeln, als dir der Ring herunterfällt, läßt sich vom Weihrauch besprenkeln. Kinder tun gern das Gegenteil von dem, was ihnen die Eltern als großen Entwurf hingelegt haben. Und leichten Schrittes gehen du und ich vom Altar zur großen Kirchenpforte, nicht würdig genug sei unser Gang gewesen, wird die Freundin deiner Mutter später sagen, ja, wir tanzen fast zu den Klängen der Orgel, und dann stehen wir auf den Stufen vor dem Portal und schauen in die wiegenden Kerzen der Kastanienbäume, denn ein weicher Wind ist aufgekommen an diesem warmen Maientag, und du und ich liegen uns in den Armen, ehe der Fotograf alle zum großen Gruppenbild aufstellen kann.

Nein. So haben wir nicht geheiratet. Dann haben wir die ganze schreckliche Verwandtschaft des Gatten meiner Mutter am Hals, hast du gesagt, die werden deine Eltern alte Hippies nennen und dich eine schlechte Partie. Meine Eltern sind alte Hippies, habe ich gesagt, und ich bin liebenswert, aber arm. Ich ziehe keinen Cut an, hast du gesagt. Sollst du auch nicht, habe ich gesagt, du wirst umwerfend aussehen in deinem grauen Anzug. Nein. So haben wir nicht geheiratet.

Deiner Mutter steht der Schweiß auf der Oberlippe, und ihr herrlicher Teint droht zu zerfließen. Dieser Juli ist auch den Italienern ein ungewöhnlich heißer. Doch deine Familie und ihr ganzer Troß hat sich nicht abhalten lassen, uns zu folgen, hat alle Widrigkeiten auf sich genommen, um das Fest mit uns zu feiern, in diesem großen ländlichen Garten hinter dem Haus, das deinem Freund Stephane gehört, der seinen Vornamen von Grappelli hat, dem Virtuosen der Jazzgeige. Stephane spielt Baß, und er hat es eine Zeitlang in der gleichen Band getan, in der du gearbeitet hast, und all die Musiker, die hier nach und nach eintreffen, lassen hoffen, daß wir eine wunderbare Session erleben werden, wenn wir vom Bürgermeisteramt kommen, nach der Trauung. Stefano, ruft die Großmutter aus der Küche, in der sie die Aufsicht hat, und Stephane und deine Mutter zucken gleichermaßen zusammen, denn das Organ der alten Frau ist schrill. Stephane trägt weitere Stühle aus dem Haus und stellt sie um die langen Tische, die schon fertig gedeckt unter den Maronibäumen stehen. In ein paar Minuten werden wir durch das sonnenflirrende Städtchen gehen, hin zum Municipio, uns in dem Zimmer sammeln, das das Standesamt ist, groß genug, um eine Herde wie diese aufzunehmen.

Zwei Seelen seien wir, die sich aneinanderklammern, höre ich die Freundin deiner Mutter sagen, als wir aus dem Garten treten und gar nicht erst versuchen, uns auf dem schmalen Trottoir einzureihen. Du, der du deinen Stiefvater stets abgelehnt hast. Ich, im Stich gelassen von meinen Hippieeltern, fast schon eine Waise. Dann werden sie sich bald Junge ins Nest setzen wollen, um das Idyll zu vergrößern, sagt eine Dame, die ich nicht kenne, und die es auch auf sich genommen hat, hierher zu kommen, und sie guckt auf mein Kleid aus Mousseline, das lang und luftig ist und keinen Bauch erkennen läßt, auch nicht im Profil. Ich bin nicht schwanger. Du trägst einen weißen Anzug aus Leinen, und das sieht wunderbar aus zu dem dunklen lockigen Haar und der leichten Bräune, die zwei sonnige Tage des Gemüseputzens und Gläserpolierens in Stephanes Garten auf deiner Haut hinterlassen haben. Wir gehen inmitten der Schar, die sich den Weg zum Amt des Bürgermeisters bahnt, vorne ist Stephane, der sich auskennt, hinter ihm gehen deine Mutter und dein Stiefvater. Wir müssen einem Lastwagen der Firma Motta weichen, der neue Tiefkühlkost ins Städtchen bringt, und dann sind wir auch schon angekommen vor dem Municipio.

Der Bürgermeister hat unsere Hände zusammengelegt und uns zu Mann und Frau erklärt. Wir tauschen die Ringe und unterschreiben, und dann greift ein Freund Stephanes zu seinem Saxophon und spielt Somebody Loves Me. Deine Mutter hat Tränen in den Augen, und ich fange an, sie zu mögen, ich habe noch nie zwischen sensiblen und sentimentalen Menschen unterscheiden können. Dann gehen wir zurück zu Stephanes Garten, und ein kleiner alter Mann, der auf der Straße steht, greift meinen Arm und macht ein paar unbeholfene Schritte mit mir und flüstert in mein Ohr, daß sein Lieblingslied Lili Marleen sei. Und du nimmst mich in die Arme, und wir tanzen und tanzen, und Stephanes Freund setzt das Saxophon an und spielt uns Here's To Life.

Nein. So haben wir nicht geheiratet. Ich hatte Angst, die Verwandtschaft auch noch unter dem Druck der Hitze erleben zu müssen. Ach was, das war es nicht. Du hattest ja vorgeschlagen, sie irgendwie abzuschütteln, wenn deine Stimme dabei auch schwach und kaum überzeugend klang. Ich fand es auf einmal falsch, in einer Gegend zu heiraten, die nichts mit uns zu tun hat, im Garten eines Mannes zu feiern, den ich kaum kenne, ihm den Troß zuzumuten, der sich doch nicht hätte abschütteln lassen. Es gehörte einfach nicht zu uns, wäre aufgesetzt gewesen, wie die Sinnsuche meiner Eltern in Indien. Nein. So haben wir nicht geheiratet.

Der rothaarige Junge, der vom Pförtner herbeigerufen wurde, führt uns durch vier Büros und einen Lagerraum, und in den Büros sitzen Sekretärinnen an veralteten Schreibmaschinen und blicken auf und lächeln dich verlegen an, denn du wirkst immer noch sehr auf Frauen. Der Junge steckt zwei Fläschchen Tipp-Ex in die Taschen seiner Hosen aus dickem Cord, als wir die hohen Regale des Materiallagers passieren, und öffnet uns die letzte Tür vor dem hinteren Treppenhaus, und schon haben wir den einzig intakten Aufzug des Gebäudes erreicht, der uns vom Erdgeschoß in das Trauungszimmer im ersten Stock bringen wird. Die Trauzeugen, deine beiden Freunde aus der Band, sind schon dort und warten auf uns, die wir den langen Weg nehmen, statt den schnellen über die im Vergleich zur übrigen Architektur großzügig angelegte Treppe. Doch seit du dir vor noch nicht ganz einem Jahr nach einem Unfall, bei dem das Auto kaum zu Schaden kam, einen Rollstuhl zugelegt hast, ziehst du Aufzüge vor. Du hast die Lederjacke an, die du trägst, seit sie dich vor einigen Monaten ins harte Leben gelassen haben. Außerhalb unserer vier Wände habe ich dich seitdem in nichts anderem gesehen als in der Jacke und Jeans, doch du siehst toll aus, und als der Aufzug losruckelt und ich ins Schwanken komme, nehme ich mir die Gelegenheit, auf deinen Schoß zu fallen und dich zu küssen und dir eine Locke hinters Ohr zu streichen. Deine Haare sind lang, viel zu lang für deine Mutter, doch sie hält jetzt sowieso alles für verloren. Du streichst mir gerade den feinen Kohlenstaub aus dem Gesicht, den meine Wimperntusche dort gern hinterläßt, als der rothaarige Junge Zeichen der Ungeduld zeigt und die offene Aufzugtür ein weiteres Mal vor und zurück knarzen läßt, und darum geben wir nach und steigen aus.

Jos und Bill springen von dem Koloß von Bank auf, die vor dem Trauungszimmer steht, und bereiten uns einen Empfang, als hätten sie uns nach langer Trennung wiedergefunden, und auf das Getöse hin öffnet sich die Tür des Zimmers, und der Standesbeamte läßt uns ein, staunt, daß es nur vier sind, die diese Hochzeit begehen wollen. Du und ich schauen einander an und freuen uns an der Heimlichkeit unseres Tuns. Kein Geraune in den Reihen. Kein Gerede, mit dem sie uns in den letzten Monaten zur Genüge gequält haben. Warum tut sie sich das an, Kinder kann er ihr auch nicht mehr machen, in Brasilien durfte einer gar nicht heiraten deswegen, der göttliche Zweck ist ja nicht erfüllt. Na ja, die Katholen, sagt eine, und dann am Amazonas, und gut aussehen tut er ja, den Beinen ist nichts anzusehen. Noch nicht, sagt die Freundin deiner Mutter. Doch sie ist ja nicht da, mundtot durch Abwesenheit, wie deine Mutter, dein Stiefvater, die alle ihre Chance witterten, dich wieder unmündig zu machen, seit dem Geschehen vor noch nicht ganz einem Jahr. Du bist bei deiner Musik geblieben, Klavierspielen kannst du ja schließlich, und wenn du nicht mehr auf die Bühne willst, Lieder komponieren sich ohne Pedale.

Ich unterschreibe mit deinem Namen, schließlich ist es der Name deines Vaters, und ich kann ihn ohne Skrupel annehmen, doch vor einem Jahr hätte ich es nicht getan. Die Liebe konnte kaum größer werden, doch die Zugehörigkeit ist gewachsen, und die Lust, zu zeigen, deine Frau zu sein. Du steckst mir den Ring an und ich dir deinen, und die Ringe sind ein wenig zu weit geworden, seit sie vor vielen Monaten ausgesucht wurden. Und dann stehen wir vor dem Standesamt und sind verheiratet, und ich vermisse meine Eltern ein bißchen, doch sie haben mich ja schon vor Jahren in die Unabhängigkeit entlassen, immer bereit, zu allem, was ich tue, ein paar zustimmende Worte durchs Telefon zu sagen, bevor die Verbindung auf dem indischen Telegrafenamt zusammenbricht. Neben uns baggern sie Gräben für irgendwelche Kabel, und der Lärm läßt kaum das Knallen des Korkens hören, den Jos aus der Sektflasche gelassen hat, die er seit Stunden in einer Tüte schaukelt. Der Sekt ist viel zu warm und schäumt, doch wir bringen die vier Pappbecher in unseren Händen dennoch zum Klingen. Da stehen wir unter einer alten Kastanie, die schwer an ihren Früchten trägt, und ich bin so froh, daß uns diese ganze Kacke nicht kaputtmachen kann. Wir lassen den Anspruch an die Leichtigkeit des Seins deiner Mutter, denn ihr bricht viel schneller mal ein Nagel ab, und leicht wäre es für uns beide nie geworden. Doch du und ich gehören zusammen. Wie widrig das Leben auch sein will. Ja. So haben wir geheiratet.

Ulrich Holbein

Ich tanzte auf der Hochzeit meiner Verflossenen

26. 10. 95

Mein lieber Burghard,
vielen Dank für die Zwischendurchkarte mit Schleierzitat – doch nun zur zweiten Hochzeit des Jahres '95: Ich kutschte extra von Wabern nach Tübingen, der einzigen Stadt, in der ich wohnen könnte – was weiter weg sein dürfte als von Hamburg nach Wabern. Damals ging meine Jugendliaison mit Rosi alias Doro, 24, nur deshalb jahrelang nicht in die Brüche, weil ich Tübingen liebte und dort kostenlos wohnen wollte, Neckarhalde 3, in sechshundert Jahre altem Haus, mit Blick auf die Neckarinsel, drei Schritt vom Hölderlinturm und der alten Bursagasse (Hegel, Schelling, Brecht) entfernt. Von Hesse bis Härtling, alle beteiligten sich am schwäbischen Geischtesläb'n. Ich lief im Neuphilologikum ein und aus, kaufte von der gesparten Miete antiquarische Hölderlinwerke und weigerte mich, zum Ausgleich hierfür im Schoße Rosis fruchtbar zu werden. Sie spielte Blockflöte (Vivaldi) und las Dorothee Sölle, Jörg Zink und Fridolin Stier, dessen tagebuchmäßig vorgeführtes Ringen mit Gott sich vermutlich wie eine cholerische Reinhold-Schneider-Variante anfühlt. Nach mir suchte sie dann jahrelang auf Katholischen Kirchentagen, auf den Schweigewiesen von Taizé und in Selbsterfahrungsgruppen einen neuen Mann. Ich war ihr sowieso stets zu unmännlich, zu abgehoben, zu unpraktisch gewesen. Meinen Dichtungen prophezeite sie Unberühmtheit: »Das liest keine Sau!« Und ich würde nicht mal so berühmt werden wie jener breite Lyriker, in dessen Lesung wir uns 1976 mal verloren (Ernst Meister). Sie wollte mich zum Ergreifen eines soliden Berufs zwingen: »Dichten kannst du ja noch nebenbei, wenn du's nicht lassen kannscht.«

Jahrelang fand sie keinen besseren Mann, außer jetzt am Schluß den Horscht, einen angemessen bodenständigen, heimatkundlich sehr interessierten Tiefbauingenieur, der nur leider schon viermal verheiratet war und zudem sterilisiert, was er auf ihren Wunsch und mit geteilten Kosten in kompliziertem Eingriff rückgängig machen ließ. Während es bei mir siebenmal schlimmer aussieht als in elf Burghardküchen, muß bei Horscht alles sauber und Kante auf Kante sein, ansonsten es gigantische Ehekräche hagelt, die im so oder so ausnahmslos täglichen Coitus enden; Horscht, wie ich weiß, ist nämlich, obgleich bereits 56, sehr potent – dennoch kommt keinerlei Fötus in Sicht, weshalb sie jetzt ein brasilianisches Kind adoptieren möchten; ich hingegen habe eine Reportage gesehen, über traumatisiert, autistisch oder halb nierenlos weiterverscherbelte Kinder eben aus Brasilien. Sie ist inzwischen gleichfalls dick geworden, unförmig, von biederster Ausstrahlung, und kaum wage ich dir Hochzeitsfotos zu leihen, auf denen ich neben dem Brautpaar stehe, übernächtigt nach nur drei Stunden Schlaf, während mir Horscht und Doro nur etwa bis zum Bauchnabel gehen, mit allen vier Dackelbeinchen auf der festgegründeten Erde stehend, ich aber den angekränkelten Kopf jesuanisch hochhaltend, weit über Land und Meer, als Schmerzensmann, dem die gute Doro jahrelang mangelnde Religiosität vorgeworfen hatte, zusammen mit ihren bigotten Verwandten aus Dunningen, die sogar bei mir in Obernau aufkreuzten, um mir Mahnpredigten zu halten – plötzlich erkannte ich am Kopf der Hochzeitstafel eine uralte bettlakenweiße Urtante wieder, auf schwäbisch: die »Godde«, die damals, 1977, besonders scharf gegen mich polemisiert hatte, mit der Begründung: »Nittemol Schuha hotta an. Barfuß läufta rum, der mit dene treggige Fieß!« Das war weit und breit das einzige, was an mir wahrgenommen wurde, und obwohl ich diesmal nicht als Herr Jesus oder anderweitig barfüßig aufkreuzte, erkannte »die Godde« mich – mich! – wieder, ich frag mich, wie und woran, und über drei Ecken erfuhr ich ihre definitive Äußerung über meine Person: »Diesmal hottar wenigschdens Sandale an.« Überhaupt war es doch wohl irgendwie süperb, daß der frühe Ex-Lover zur späten Hochzeit erscheint, doch weder der mich problemlos duzende Horscht noch überhaupt jemand fand was Pikantes bei der Vorstellung, daß Poet und Tiefbaumensch praktisch gleichzeitig, wenn auch zeitlich versetzt, diesen üppigen Schoß beackerten. Doro wurde wohl erst jetzt so richtig gewahr, als Horschdl und ich uns erstmals begrüßten und optisch überdeutlich nebeneinander standen, wie verschieden zwei Freunde sein können, und rief nur: »Das sin Kontraschde! Das sin Kontraschde!« Ich wünschte dem Paar »viel Glück« oder irgendsowas von der Sorte und wollte mit sachlichen Hinweisen auf die transplantierten Kindernieren Brasiliens nicht das angepeilte Mutterglück plus Vaterfreuden unnötig vorauseilend unterwühlen.

In der kirchlichen Zeremonie mußten Ringabtausch und Jawort ausgespart werden; der bullige Pfarrer (seine Partnerin darf aus Zölibatsgründen nicht vor seinem Haus parken, sondern eine Straße weiter) war vom Brautpaar eingeweiht worden, daß Doros Mutter, 84, sowie »die Godde«, ca. 92, nicht erfahren durften, daß Horscht bereits zum x-tenmal heiratet und also eigentlich nicht nochmal katholisch heiraten darf, ein Umstand, der mit allerlei Meßdienergeläute, maulfaulem Gesinge und Mahnungen, daß man gegenseitig die Schwächen des anderen tolerieren solle und daß wir erst durch Jesus erfahren hätten, was Partnerschaft eigentlich bedeute, übertüncht wurde. Auch gab es jede Menge erwachsenen Nachwuchs aus Horschts früheren Ehen, sowie Ex-Schwiegermütter, und überhaupt allerorten nichts als unglaublich bodenständige Gestalten, wohin das sehnsüchtige Auge auch blicken mochte.

Doros Hochzeitskleid – kein Dornröschentraum, sondern ein irgendwie abwaschbares Design, die mal vorhanden gewesene Figur zur ungleichmäßig gestopften Wurst deformierend, in toto ein gepäppeltes Waschbrett, behängt mit goldener Handtasche, geschmückt mit grausamer – Pardon – Lehrerinnenfrisur – du, der du nicht mal in die Niederungen höherer Mathematik hinaufsteigen darfst, sondern folgsam drei Kröten und sieben Kohlen zusammenzuzählen hast, wirst mir nachempfinden können – ach ja, ich hatte auf ein Tränlein gehofft, nostalgischer oder sonstiger Herkunft, immerhin hätte ich 250000,– DM Mitgift geerntet, 'ne schöne Eigentumswohnung, doch nichts kam, sondern ich mampfte dumpf meine Torte zwischen festgelegten Sitzplätzen, fest hineinkomponiert per Platzkarte in die Reihe ehemaliger WG-Genossinnen und Mitlehrerinnen, von denen eine Hanne-Friedel Meyer-

Faude hieß, andere Moni, Ute, Annette, Glenine. Das Kleid vermochte ich nicht zu loben. Doro aber war so stolz auf ihr Kleid, fragte mich nächstentags, wie ich es fände. Und ich konnte nicht lügen und verwendete wahrheitsgetreu das Wort Waschbrett – o Burghard, ohrfeige mich, daß ich nicht ein bißchen netter sein kann zu unschuldigen Menschenkindern, die ich so leicht zum Aufleuchten bringen könnte, statt zum noch mehr Zusammenschrumpfen. Anders gesagt: Wann werden wir eine Hochzeit gemeinsam erleben? Wann heiratet deine Schwester, und hab' ich Chancen, da eingeladen zu werden? Wenn ich heiraten würde: Würdest du deine Reisephobie überwinden und dich als Trauzeuge zur Verfügung stellen, auf dem Standesamt Homberg an der Efze, dem nordhessischen Fachwerkkleinod?

Und nach der Torte gab's Tischgedichte; im Werk der Jugendfreundin Vroni kam auch ich vor; sobald ich es bekomme, erhältst du Einblick in jene Poesie. Am Büfett öffnete ich einen Topf und sah darin Verdächtiges schwimmen, fragte, was das sei. »Eingelegter Kalbsrücken.« Ich hab noch nie im Leben Kalb vertilgt, hier wäre Gelegenheit gewesen, meine Horizonte zu erweitern und endlich mal was Neues zu erleben, doch ich brachte es nicht fertig, mir da was entgegenstinkend Tropfendes herauszuangeln. Keinerlei diesbezügliche Widerstände hingegen fühlte Horscht, der mit sieben seinen Vater verlor, da diesem von tschechischer Seite die Kehle durchgeschnitten wurde.

Abends spielte eine Dorfkapelle mit Middle-Age-Touch auf, mit echten Geigen, Krummhörnern, Kniebundhosen, Westen, Harmonium, Flöten, Hütchen und dudelnden Säcken. Und die Musik war wunderschön vorindustriell, so fellachenartig, ich fand hinein ins Gedudel und Geschnarr und Mäh und Muh archaischen Hirtendaseins, durfte diesbezüglich wunderlieblichen Rahm abschöpfen, mitnäseln, im Rundtanz mich drehn, mit viel Partnerinnenwechsel, Danebengehoppel, Bockssprüngen, Händeklatschen, zunächst volkstümlichkunstgewerblichem Klimbim, der aber irgendwann spürbar in durchaus stilechten dionysischen Taumel umschlug, auf welchem mir dann die unsäglichen Figuren, alles eben noch Lehrerinnen mit drei Kindern und bebrilltem Mann im Background, auf einmal wie BDM-Jungfern mit fliegenden Zöpfen vorkamen, eingehüllt in La sacre du printemps und Schalmeienklang und sogar – unglaublich, aber momentweise wahr – begehrenswert, wenn nicht gar schön – einzig Horschtls Ex-Schwiegermutter, die mit ihrer Tochter Schluß gemacht hat und sich umso mehr an ihren Ex-Schwiegersohn dranhängt, zwang mir einen derart festen Griff auf, daß mir noch eine halbe Stunde später, als ich bereits gähnend in der Ecke hing, die sensible Hand wehtat.

Nach null Uhr gab's dann noch eine Riesenaufregung, weil der Schlüssel fort war, zum ordnungsgemäßen Abschließen des Gemeindesaals. Usw. Das abgetakelte Frühstück am nächsten Morgen wurde von der Ex-Schwiegermutter vollgespachtelt, die sofort nach ihrer verzögerten Abreise den Anrufbeantworter zuquasselte. Das war meine zweite Hochzeit in diesem Jahr. Um dich ungeteilt ihr auszusetzen, greife ich jetzt kein anderes Thema mehr auf und bin fürs erste völlig leergesogen

dein Ulrich

P. S. Wann heiratest du deine Askese?

Martin Gros

Heute haben wir noch einmal geheiratet, und erst diesmal war es ein Fest

Ein früher Morgen, ein Schimmern über den Dächern. Wir haben das Tor verschlossen und uns stadtauswärts gewandt. Feuchter Sand bedeckt das Pflaster, behindert das Ausschreiten, dämpft die Geräusche. Kein Echo von den Wänden. Die Häuser selbst scheinen noch gar nicht wach zu sein. Vielleicht sind sie nur auf Stoffbahnen gemalt. Schwer hängen sie im Wind, schwingen uns entgegen. Wir streifen die Gassen von uns ab. Das stille Weitergehen gegen die Nacht. Das Zögern an den Plätzen.

Aus dem Schatten löst sich ein Mann, um sich uns anzuschließen. Er ist kaum zu hören. Man könnte glauben, er gehe gebückt hinter uns her, streng bemüht, einen weiten Abstand zu halten, woran uns aber gar nicht gelegen ist. Bald tritt ein weiterer Hochzeitsgast aus seiner Tür. Es ist noch zu früh, ihn zu erkennen. Auch wir selbst, die wir still nebeneinander gehen, würden einander wohl kaum erkennen. Aber keine Bange, diese Schritte sind Schritte, wie wir sie nur gemeinsam tun.

Im Morgenlicht ein milder Wind. Aus Gassen und Türen sind auch die anderen Gäste erschienen, um uns ein Stück zu begleiten. Es ist kein Ruf zu hören, noch kaum ein Wort, aber das Tapsen und Schleifen der Schuhe füllt die Straße bis an die Regenrinnen. Dann ist es Tag geworden. Wir haben die Stadt verlassen. Einmal gehen wir an einem Kanal entlang, und man winkt von allen Schiffen. Unter den Weiden sitzen weit verstreut die Festgesellschaften. Man hebt die roten Gläser. Im Weitergehen streift uns ein warmer Wind. Er streift durch die Gräser, bauscht die Zweige, Blütenstaub steigt aus den Kastanien.

Selbst meine Mutter hat sich zu uns gesellt und geht jetzt gesund und beflügelt neben mir her. Aber sie ermahnt mich von neuem, das alte Haus nicht zu verkaufen, den Obstgarten zu pflegen, und scheint nicht zu wissen, daß das alles längst vergangen ist. Auch unseren Gästen, ihren teils berauschenden, teils bitteren Meinungen über die Liebe lausche ich bereitwillig, denn heute kann ich es ertragen, an der Spitze zu gehen, wohin sie alle kommen, um uns ihre Aufmerksamkeit zu schenken. Und sie selbst, wenn sie sprechen und einander widersprechen, gehen neben uns her wie in Erinnerung an einen ausgestandenen Streit.

Am Abend eine weite Brücke. Es ist kühl geworden, und es ist jetzt der Augenblick, wo sie alle zurückbleiben und sich zusammendrängen. Während wir die Stufen hinaufsteigen, sehen wir zurück und sehen, wie lang, wie unübersehbar lang unser Hochzeitszug geworden ist. All diese Leute. Zunehmend stumm stehen sie da, einer neben dem anderen, unter einem weiten, inzwischen eisblauen Himmel. Ein hundertfach angehaltener Atem.

Dennoch scheinen sie auf nichts Bestimmtes zu warten, scheinen nichts zu fordern. Sie stehen da, in dieser Abgeschiedenheit, mehr und mehr als aufmerksame und doch erwartungslose Schatten. Und mit einem Mal ist es offenbar, daß wir doch die ganze Zeit einen Platz gehabt haben unter ihnen. Ich wäre jetzt bereit zu bejahen. Da ich mich an etwas Derartiges nicht erinnere, muß ich annehmen, beim ersten Mal als Bräutigam versagt zu haben. Es ist wahr: Ich habe nie daran gedacht, uns zu feiern.

Und jetzt, während wir weithin sichtbar überm Fluß stehen, glaube ich, unter ihnen ein paar Freunde zu erkennen, Freunde aus der ersten Zeit. Ich habe nie mehr an sie gedacht, aber jetzt sind sie hier und fragen sich wohl, wie alles gekommen ist. Gerade vor ihnen steht man da, scheinbar zufällig auf diese Brücke geweht. Es wäre vieles zu erklären. Aber je länger man ihnen gegenübersteht, desto weniger meint man, noch eine Frage zu spüren. In ihrer Stummheit erscheinen sie jetzt ganz ohne Zweifel. Als hätten wir von Anfang an unseren Weg gewußt.

Man möchte den Mund auftun, wenn sie so heraufsehen, und möchte den Irrtum ausräumen. »Es war nichts Besonderes«

möchte man rufen. Nur daß man zu ahnen beginnt, wie sehr auch das ein Irrtum ist, mit dem man sich von Anfang an beholfen hat. So daß man jetzt, wenn man sich abwendet und weitergeht, kaum erst begreift, was geworden und gewesen ist, unbemerkt in all der Zeit, und wie man es nennen soll in Glück und Wehmut.

Anne Duden

Englischer Gruß oder Die Liebe bricht aus

»Ich weiß nicht, woher ich habe, was in mir ist« –
Protevangelium des Jakobus

Von klein auf hat sie Umgang mit Engeln gehabt – nichts weiter Ungewöhnliches für ein weibliches Kind.

Nun ist sie ein junges Mädchen; aber ist sie schon Jungfrau, mannbar, geschlechtsreif, blut-jung also? Man weiß es nicht. Man weiß nur, daß sie bereits verlobt ist, versprochen einem Witwer, der den meisten Abbildungen zufolge – was das Alter angeht – ihr Vater oder sogar Großvater sein könnte. Sie wurde ihm von anderen Männern zugeteilt, in seine Obhut gegeben, auch damit Schlimmeres verhindert würde, die Befleckung des Heiligtums nämlich. Jenes Heiligtums, in dem sie den größten Teil ihrer Kindheit verbracht hat, »wie eine Taube gehegt«, ein Vöglein, ein Nestling.

Und nun dies, diese Begegnung der außerordentlichen Art, just als ihr Verlobter, der, der ihr traut und dem sie angetraut werden wird, aushäusig ist und seiner Arbeit als Handwerker nachgehen muß. Mitten in ihre Zurückgezogenheit und Zurückhaltung, ihre mädchenhafte Verschlossenheit und Scheu hinein nun diese Annährung, ja Bestürmung, vollkommene Inanspruchnahme ihres Daseins. Sie kann gar nicht anders, als sich der Überwältigung hinzugeben, sich ihr zu überlassen. Sie muß ihr folgen, als wäre es eine Eingebung. Vielleicht hat sie etwas läuten hören, aber wie ihr geschieht, weiß sie gewiß nicht. Sie weiß nur, was sie gerade getan hat. Abwechselnd hat sie im Buch gelesen, das schon in ihrem Schoß oder auf einem Pult liegt oder das sie aufgeschlagen in Händen hält, und hat sie gesponnen, die Purpurwolle und das Scharlachgarn für den Vorhang im Heiligtum; an ihren Händen die Blutfarbe, die eines Tages am großen Vorhang so leuchten wird wie jetzt schon die Vorhänge und Baldachine ihres Bettes leuchten.

Vom einen Moment auf den andern, dem Moment des Lesens und Spinnens auf den des Aufhorchens und Aufblickens, wird/ist sie betreten; wird/ist sie getroffen: durchs Ohr, durch die Stirn, den Scheitel, die Brust, die Bauchnabelgegend, je nachdem. Von einem offenbaren Geheimnis, das sie erst überschattet, dann mit dem Finger auf sie zeigt, sie erkennt, sie begrüßt und dann auch schon bestürmt, wohl von Flügelschlagen begleitet, und gleich darauf sich schon wieder erhoben hat, aufgemacht und davon, in die Lüfte, und mit dem Unsichtbaren verschmolzen ist. Sie weiß nicht, wie, nur daß ihr geschehen ist nach dem Willen und den Worten eines anderen.

In ihrer Kindheit bereits »empfing sie, was sie zu sich nahm, aus der Hand eines Engels«. Jetzt, plötzlich, hat sie etwas ganz Ungewohntes zu sich genommen, auf ungewöhnlichem Wege, eine bisher ungeahnte Speise, vielleicht eine Köstlichkeit, und dazu, für sie allerdings meistens unsichtbar bleibend, einen winzigen bleichen Keimling in Menschengestalt.

Als sie zu sich kommt – aber ist sie nicht die ganze Zeit bei sich gewesen, nur eben bei sich wie im Schlaf, wie in einem hellwachen Traum oder einem Dornröschenschlummer –, als kein Flügelschlagen, kein Rauschen, keine Rede mehr zu hören ist, die Lilien in der Vase überaus bewegungslos dastehen, weiß sie es sofort: eine/ihre Liebe ist ausgebrochen. Ist hervorgerufen worden durch einen Engel, einen geflügelten Mann. Ist ihr von ihm überbracht, auf sie übertragen worden; von diesem Botschafter, Übersetzer des Unsichtbaren ins Sichtbare, des Unhörbaren ins Hörbare, des Unkörperlichen ins Körperliche. Untrüglich weiß sie darüber hinaus und für immer: dies ist ihre Zeitenwende, ihre Hoch-Zeit. Und von nun an kann jede es um die gleiche Zeit läuten hören, kann jede ihre mögliche Zeitenwende haben oder ihre Vorstellung davon, die Begegnung mit ihrem Engel beim Angelusläuten.

Denn nur Engel verjüngen noch die schnell alternde, die schon weit fortgeschrittene Zeit, ja sie heben sie auf für Mo-

Carlo Crivelli. Verkündigung an Maria. 1486
London, National Gallery

mente. Der Boden, den sie betreten, beginnt zu beben, unmerklich fast, wie das dunkle Laub einer Steineiche vor dem Sturm. Sie landen und erscheinen beinahe lautlos. Sie berühren durch nichts als einen Blick, ein sich auf- und einrollendes Spruchband, eine Geste der Hand, einen Fingerzeig, eine mitgebrachte Blume, einen Zweig und einige wenige Worte, die – nicht unbedingt weiter hörbar – im Raum stehen bleiben. Wahrscheinlich sind sie vollkommen humorlos, Lichtfänge, die die Säfte des Lebens nicht benötigen. Aber sie brauchen auch niemanden zum Lachen zu bringen, denn in ihrer Gegenwart geht es stets um anderes, jedenfalls um etwas, das Lachen und Weinen dann übersteigt.

Sie aber, die Liebende, und nicht etwa Geliebte – das läßt sich nun mit Bestimmtheit sagen –, ist spätestens während ihrer Zeitenwende zur Jungfrau und werdenden Mutter zugleich geworden, zum trächtigen Wunder. Sie möchte glauben, daß sie es geworden sei durch ihren Engel. In Wirklichkeit aber ist sie es geworden durch eine Schickung, eine Art Parallelaktion. Denn was sie im Scheitel getroffen hat, was ihr ans Herz gegangen, in ihr Diadem eingeschlagen ist und einmal sogar aus ihrem Bauch, ein kurzes Aufblinken, zurückleuchtet, ist ein Strahl, ein goldener, oder ein ganzes Bündel goldener Strahlen direkt aus des Himmels Hand. Eine himmlische Sendung. Und man könnte meinen, ihr Engel sei nur deshalb zeitgleich aufgetaucht, damit sie das Unfaßbare leichter fassen kann, nicht von diesem Blitzstrahl erschlagen werde, damit sie für immer eine abrufbare Vorstellung hat von dem, was geschehen ist, damit sie wenigstens etwas behält, von dem sie träumen, wonach sie sich sehnen oder verzehren kann.

Alle Geliebten sollen ja Engel sein, Flügelzeuge, Schwellenwesen.

Ein Venezianer, Spezialist für überscharfe Einstellungen, gezeichnete Gesichter und hervortretende Adern sowie für äußerst erlesene Farben und Stoffe und eine schier unerschöpfliche Vielfalt an Ornamenten, hat diese Hoch- und Wendezeit, dieses aufwendige Geschehen oder Ungeschehen, sich und allen, die es sehen wollen oder können, einmal deutlich bis zur Gerinnung ausgemalt. Er erkennt sie, die blut-junge Frau, nochmals auf ganz besondere Art, und ebenso läßt er sie erkennen und erkannt werden.

Man kann, man muß es mit ansehen, wie sie da in ihrem Schlafzimmer, dieser luxuriös mit Kassettendecke und goldverzierten Tüchern und Vorhängen aus Samt und Seide ausgestatteten und doch auch karg und eng wirkenden Zelle eines Palastes direkt neben ihrem hochgebauten Bett, vor einem Pult, hockt beziehungsweise kniet, die überlangen, feingliedrigen Hände über Kreuz unter der Brust gehalten, eine sehr blasse junge Frau mit goldenen Haaren und in golddurchwirkten und goldbetupften Gewändern, eine Porzellanpuppe, immer faltenlos, aber sehr zerbrechlich, offenbar hingegeben einer Lektüre, einem aufgeschlagenen Text aus roten und schwarzen Zeilen.

Der Betrachter, der sie so im Auge hat, muß sich vorkommen wie ein Schließer, ein Aufseher, der von einer Art Galerie gegenüber, oder von einem Umlauf aus, alles Treiben im Bau und davor zu überwachen und nach kurzer Zeit die Tür, die Öffnung, die die junge Frau selbst nicht wahrnehmen kann, wieder zu schließen hat. Und wohin träte sie denn auch, wenn sie heraustäte, überhaupt vor eine Tür treten könnte?

Denn sie ist ja eine Gefangene, Gefangene der Verhältnisse und dessen, der sie in seine Obhut genommen hat. Freiheit steht hier nicht ihr, sondern der Kirche zu. LIBERTAS ECCLESIASTICA leuchtet es in Goldbuchstaben dem Betrachter/Schließer/Aufseher vom Stirnband des Bodens entgegen. Wie um jeden Zweifel auszuräumen, jede Fluchtmöglichkeit auszuschließen, ist auch noch ihr Fenster vergittert. Und ihr Engel, der ebenfalls draußen bleiben muß, versucht nun, von der Gasse her, sie auszumachen. Ohnehin scheint er nicht ganz bei der Sache, denn genau in diesem wichtigen Moment, in dem er sie ausfindig gemacht und jetzt die Aufgabe hat, sie unter erschwerten Bedingungen, nämlich durch jenes Gitterraster und zusätzlich noch vorbei an einer großen, auf dem Fenstersims stehenden Topfpflanze, zu erkennen, hat sich auch der Bischof und Stadtpatron eingestellt und neben ihn gehockt, mit einem Modell einer Stadt auf den Knien, und versucht gerade, das Interesse des Engels auf sich und das Männerspielzeug zu lenken. Und so sieht der Engel denn auch, gedankenverloren, vielleicht gar mit einem Anflug von Gereiztheit, zwar in Richtung auf das Fenster, aber sein Blick scheint auf nichts weiter zu treffen und ins Leere zu gehen. Schön wie er ist, ein Aristokrat unter den Engeln, buntbeflügelt, geschmückt unter anderem mit Epauletten aus Goldfarn und wehenden Akanthusblättern, genügt er wohl ohnehin sich selbst und hat kein allzu großes Interesse an dieser Begegnung. Die ihr zu überbringende Botschaft hat er auch schon, zerstreut und abwesend, nur so vor sich hin gemurmelt.

Die junge Frau, eingesperrt in ihr Behältnis und die Verhältnisse, ist sich also fast ganz selbst überlassen, ist ganz auf sich geworfen. Keiner kommt von draußen rein. Und der Genuß süßer und saftiger Früchte bleibt anderen vorbehalten. Apfel und Gurke – oder ist es eine Melonen- oder Kürbisart? – liegen auf der Straße als Angebot für alle, aber nicht für sie. Sogar die Schwanzdeckfedern des Pfauenvogels mit den vielen Augen weisen vom Gesims herunter auf sie, aber vorbei an ihr. Glücklicherweise, denn eine direkte Verbindung würde geradezu eine unheilige Kreuzung nahelegen.

Dennoch, auch in der Enge ihrer vier Wände oder gerade deshalb, und weil sie so allein bleibt und ihr Engel so abgelenkt, muß dies ihr großes Ereignis werden, ihre Hoch-Zeit, Hochzeit ihres Kopfes nun eben direkt mit dem Himmel, oder vielmehr mit einem wolkenumbrodelten und puttenumkränzten Himmelsloch, hergestellt und vollzogen durch einen mächtigen Goldstrahl. In großer Höhe, soeben erst aus dem Loch hervorgetreten, wird dieser schräggerichtete dicke Strahl noch von einem heftigen Goldregen begleitet, so als sollte vor lauter Überschwang und Überfülle ein ganzer Goldschauer niedergehen und gleich mehrere auf einmal treffen. Unterwegs aber, steil auf die Stadt zielend, verliert sich das Überangebot, vertröpfelt und verstrahlt sich zuletzt vor der Palastfront, so daß nun allein der Hauptstrahl auf die Mauer treffen und durch den Fries am Gurtgesims, also etwa in Höhe ihrer Schlafzimmerdecke, durch eine eigens für ihn dort vorgesehene Öffnung – einen winzigen, übergoldet aufleuchtenden Torbogen – treten kann. Nach dem Eintritt ins Gebäude, in den Palast, ihr Schlafgemach, nun schon die Taube mit sich führend, spitzt er sich immer weiter zu und trifft endlich, haarscharf, die Mitte ihres Diadems, die Edelsteinrosette direkt auf ihrem Scheitel.

Ein unerhörtes Geschehen, eine unglaubliche Geschichte,

die ihr da zuteilgeworden ist. Aber so ganz und gar gestaltlos, so unvermittelt und unfaßbar, daß sie gar nicht weiß, ob ihr überhaupt schon etwas geschehen ist oder ob das Entscheidende erst noch kommt, doch noch vermittelt durch ihren Engel vielleicht. Draußen vor dem Fenster und innerhalb der Mauern der Stadt geht auch alles seinen gewohnten Gang weiter. Und die Männer auf der Treppe gegenüber, die dem Strahl am nächsten stehen, vor deren Augen er aufleuchtet, scheinen ihn gar nicht zu bemerken – oder sehen sie ihn doch, aber eben sachlich prüfend wie Aufseher, Kontrolleure eines Vollzugs? Nur das kleine Kind bei ihnen, das den Erwachsenen noch nicht einmal bis ans Geschlecht reicht, verfolgt neugierig den Eintritt des goldenen Strahls in das winzige Tor. Und die Bäume hinter der frisch ausgebesserten Mauer ganz hinten, tief unter der Himmelsöffnung, scheinen von einem heftigen Wind ergriffen; auch herrscht vorm steil aufragenden Taubenschlag eine gewisse Erregung unter den Vögeln, als wäre jene eine weiße Taube zum Zwecke der Schickung gerade erst aus ihrer Gemeinschaft weggerissen worden. Und natürlich der Himmel selbst, von dem schließlich alles seinen Ausgang nimmt, dieser alles überspannende Trauzeuge, dieses weitreichende Festzelt, wirkt im Zenit wie ein bewegtes und schaumig auslaufendes Meer.

Doch, dies hier ist eine großartige, eine gewaltige Hochzeit; nur weiß man nicht so genau, ob sie, die Betroffene, die Be- und Gefangene auch wirklich daran teilhat, ob sie sie wahrnehmen kann und ob das alles sie nicht eigentlich übersteigt.

Einer ist noch da – das soll nicht unerwähnt bleiben –, ein irdischer Trauzeuge, der den Kopf erhoben hat und aufblickt. Er steht etwas erhöht, unter einem Torbogen – das Gurtgesims des Palastes scheint wie ein Bündel Schienenstränge direkt auf ihn zuzulaufen. Er ist von engelgleicher Statur, hat üppiges weißblondes Haar und trägt ein golddurchwirktes Gewand mit großem weißen Kragen. Um besser und unabgelenkter erkennen zu können, was ihm da am anderen Ende des Frieses nicht entgangen ist, schirmt er mit der linken Hand seine Augen ab, während die rechte in die Hüfte gestemmt ist. Er wird also verweilen, er wird länger und genauer hinsehen: der Seher, der dem Geschehen angemessene Poet oder Prophet. Während über ihm, auf der Brücke, einer, der vorher noch in einem auf der Brüstung lie-

Schule von Ferrara, 15. Jahrhundert
Maria mit Kind und zwei Engeln
Edinburgh, National Gallery of Scotland

genden Buch las, eben jetzt nur Augen hat für eine Botschaft, einen Brief, der ihm gerade überbracht worden ist.

Hier nun könnte man – Betrachter / Schließer / Aufseher – doch noch mit einem Anflug von Erleichterung, ja Befreiung, den Schlüssel abgeben oder gar wegwerfen, könnte man sich aus dem Geschehen entlassen, wissend, daß ein Kind und ein Seher es wenigstens teilweise im Auge haben und vielleicht behalten und daß es an Großartigkeit ohnehin alles Faßbare übertrifft. Und man könnte sich der nächsten Station zuwenden, wo sie, nun schon Mutter, mit ihrem kleinen Sohn dasitzt im Freien, umtänzelt von spitzflügeligen Kinder-Engeln, und damit beschäftigt ist zu warten, immer zu warten. So sehr wartet sie auf ihren Engel, daß sie ihn herbeizusehen scheint und dadurch keinen Blick für ihren Sohn übrig hat und auch keine Hand frei, mit der sie ihn berühren oder halten könnte. In der einen hält sie nun eine Frucht, hält fest daran wie an einem Versprechen, mit der anderen grüßt sie, am Betrachter vorbei, den Ersehnten, den niemand sieht. Der Betrachter aber blickt auf sie durch einen Rahmen, an dem etwas in Fetzen gegangen ist, zerschnitten, aufgerissen wurde.

Und er weiß vielleicht, was sie noch nicht weiß: daß ihr Engel noch ein einziges und letztes Mal erscheinen wird, als Verkünder ihres Todes – aber erst, wenn sie sehr alt sein wird.

Christian Geissler und Sabine Peters

arm am stock im arm

immer noch brot und bett liegen sie lange flanellnacht flach die zwei flügellosen wissen nicht aus ihnen soll vierundsiebzig und achtzig was noch meinst du wird wissen nicht schlaf immer tappen sie weiter die kleinstadt gemeinsam nicht viele wörter lernt man den mundwinkel der verrät die tirade hält einen vortrag gegen sibirische kälte ruft er sie knurrt die luft ab jagen mit quark schlagen canasta täglich noch immer ist er der größte die sie ist wie tag und nacht sonst nicht fünf mal gemeinsam drei töchter von sauerland bis neapel das kleine geld acht mal verschieden von lehrer bis nachtwächtung eine geheimsprache kaum noch bodenlos einen schlaf vorzuwerfen die flöhe vonwegen genie ausbaden das leben als das gegenteil ihrer mutter schnatternd vererbt von garn bis bluse nie einen anderen menschen gewagt den rotstift zitternd gehalten entschieden die beiden alten schließlich die frau und der mann.
in einer dämmrung
haben sich
sieh mal
an einem einzigen stock
ein bißchen verfehlt
am platz
ein bißchen fremd
in der kaufzone
halten die beiden sich fest an einem einzigen stock
hängen
recht gut
lieben
allerdings.
das zuckerverrühren im tee das kauen im fleisch der gänse der welt in liebesschuld ist eine arbeit die hört nicht auf eine kleine

zeit durch die große welt mit hühneraugen schnauzen die liebenden angst umeinander in einem kopfstand verübte männergespräche führen zu nichts mehr zischt zur schuld nur wege bleiben nicht mehr weiß verpfuscht das leben der kinder nachts hängt an dem hals der hochzeit pferdefleisch fliegt endlich kalt auf gedankenverloren in unterschiedlich beleuchtete bilder wissen nicht eingenäht in die älter werdende haut.
sie würden alles wieder genau so machen.
nicht ringtausch mit hottentotten.
sondern die frau und der mann auf den künstlichen autobahnen still stiller in sich geschlossen bröteln eigen das kleine brot mit einer geheimnissprache immer noch immer mehr.
wir geben nicht auf.
wir fangen noch einmal an.
gern in liebe und todesangst dumm sind wir uns einig geworden.
wo wir im elend sind.
fliegen wir leise.
zwei leise stimmen.
die beiden alten.
wer hätte das gedacht.

Michael Naura

Meschugge

»Wir Menschen sind Reisende«
Bantu-Weisheit

Ich bin nicht der Schriftsteller Trepljow, der sich am Ende umbringt und den Tschechow in »Die Möwe« sagen läßt: »Ich werde die ganze Nacht im Garten stehen und zu ihrem Fenster hinaufschauen.« Einige meiner Freunde meinen, ich sei trotzdem nicht ganz richtig im Kopf. Wegen der drei Ehen. Jedoch ist mein Meschuggesein wohl doch leichterer Art, wenn man die acht Ehen des Jazz-Klarinettisten Artie Shaw bedenkt. Andererseits: Warum soll ein gebranntes Kind immer das Feuer scheuen? Es gibt Gören, die es nicht lassen können, glühende Herdplatten anzufassen. So ein Wesen bin ich.

Meine erste Ehe war beendet, kaum, daß sie begonnen hatte. Alles war zunächst gut. Bis auf die allmorgendlichen Hörqualen. Ich rede vom Frühstück mit Renate. Sie war eine Beauty, die ich im Hamburger Jazz-Keller »Barrett« aufgegabelt hatte. Renate hatte immer das Radio an und versenkte sich in tief gefallene Musik. »Ich will 'nen Cowboy als Mann« raubte ihr den Verstand. Ich hingegen lechzte überm Marmeladenbrot nach Bachs »Orchester-Suite D-dur«. Ich konnte mich nicht durchsetzen, zumal Frau Schwiegermama, glühende Verehrerin der »Stunde des deutschen Schlagers«, am Tisch saß. So begann ich mein Ehe-Elend zu kompensieren. Ich stellte mir Renate, Prinzip des Leptosomen in kristalliner Form, nackt vor, während ich ein Butterbrot schmierte. Bald wußte ich nicht mehr, wen ich halluzinierte, meine unbekleidete Frau oder Modiglianis »Liegenden Akt«. War kaum ein Unterschied und noch weniger ein Trost. Die Ehe wurde geschieden.

Ich war bereit für die nächste Prüfung. Eines Tages fiel mir eine Frau auf, die in einem der Flure der Hamburger Hochschule für Bildende Künste völlig entspannt an der Wand lehnte. Sie hatte ein Bein angezogen und warf mir einen Blick zu, der mir sagen sollte: »Ichbineinelaßallesanmichherankommenfraukommmalher!« Wir landeten auf dem Standesamt. Hella malte wie ein verwirrter Pechstein und tanzte wie eine Teufelin auf den Tischen der Mensa. Sie schien belast- und berechenbar zu sein. Erste Zweifel kamen mir, als sie auf einer Indien-Reise erklärte, sie müsse erstmal in einem Ashram zurückbleiben. Junge Ehemänner sind Geblendete. Zwischen Hella, ihrem Guru in Bombay und mir entwickelte sich ein explosives Gefühlsgemisch, zu dem nur noch ein Funken fehlte. Der kam in einer Nacht im Hamburger Jazzclub »Onkel Pö« angeflogen. Hella ging zu Bett, ich blieb an der Bar. Wenn es in der bräsigen Hansestadt überhaupt jemals einen Anflug von Bohème gegeben hat, dann in diesem köstlichen, schwarzen, überfüllten, alkoholisierten, nikotinisierten, sexualisierten Musik-Saftladen. Er war unsere Zweitwohnung. Das süße Problem war nur, daß wir keine Obstsäfte soffen, wenn sich vor uns Cecil Taylor, Dizzy Gillespie und die Giants of Swing Finger und Lippen blutig spielten, sondern wir ließen Ströme von Lustigwasser in uns hinein- und hinausrinnen. Wir liebten den Jazz und haßten die Polizeistunde. Ständig nörgelnde Ehefrauen, denen der Nachtschlaf wichtiger ist als Musik, waren auf die Dauer unhaltbar. Auch diese Ehe wurde geschieden. Und das war ein Schock für mich. In meinem Herzen hatte ich Hella immer die »Treffliche« genannt. Trotz allem. »Die Liebe meiner trefflichen Johanna ist eine edle, zarte Himmelsfrucht«, sagt Schiller. Freilich ist es schwer für einen Menschen, der nicht ganz so trefflich ist, mit einem gesegneten Charakter zusammenzuleben.

Nach einer gewissen Zeit der Rekonvaleszenz fühlte ich mich einer dritten Prüfung gewachsen. Ironischerweise nahte sie im »Onkel Pö« in Gestalt eines blonden Zopfs. Für mich Inbegriff der Versuchung seit einer quasi-erotischen Begegnung mit einem Bauernmädel als Knabe in Pommern. Die Besitzerin dieses wunderbaren Haargebildes in jener Hamburger Nacht war Christina. Welch eine Offenbarung nach all diesem Ehe-Crash mit finalem Achsenbruch. Gemeinsame Interessen in Hülle und Fülle: Jazz, Barock, Malerei, Literatur, Landleben, Reisen, Fünfgradeseinlassen in Küche und Keller.

Manchmal, wenn wir nebeneinander im Bett liegen, lese ich Tschechow vor. Eine Stelle aus »Die Dame mit dem Hündchen«:

In ihrem Zimmer war es schwül, es roch nach einem Parfüm, das sie in einem japanischen Laden gekauft hatte. Als Gurov sie jetzt betrachtete, dachte er bei sich: Was für Begegnungen bringt doch das Leben mit sich! Von früher hatte er sich die Erinnerungen an sorglose, gutmütige Frauen bewahrt, die die Liebe fröhlich machte, die ihm dankbar waren für ein Glück, auch für ein kurzes; und auch an solche wie zum Beispiel seine Frau erinnerte er sich, die ohne Aufrichtigkeit liebten, mit unnötigen Gesprächen, manieriert, hysterisch, mit einer Miene, als handle es sich nicht um Liebe und Leidenschaft, sondern um etwas weit Bedeutenderes; aber auch an zwei, drei sehr schöne und kalte Frauen dachte er, über deren Gesicht plötzlich ein raubtierhafter Ausdruck huschte, ausgelöst von dem Wunsch, Besitz zu ergreifen, dem Leben mehr zu entreißen, als es zu geben vermochte; sie hatten ihre erste Jugend bereits hinter sich, das waren launische, unvernünftige, herrschsüchtige und nicht sehr kluge Frauen, und wenn Gurovs Gefühl für sie erkaltete, dann weckte ihre Schönheit in ihm nur Haß, und die Spitzen an ihrer Wäsche kamen ihm wie Schuppen vor.«

Uns war weinerlich zumute, und wir fürchteten uns vor der Ehe. Wir begannen zu ahnen, daß die Stabilität unserer Verbindung auf wechselnden Wetterlagen beruht. Ständiger Sonnenschein wäre der Untergang. Wir brauchen auch das Stürmische. Und wir verehren die Ruhe. Das gemeinsame Schweigen. Eines Tages im August versuchte Christina, mich zu einem Spaziergang zu bewegen. Sie nervte den ganzen Tag. Abends hatte sie mich mürbe geklopft. »Na gut«, grollte ich, »wir gehen spazieren. Aber ich schwöre dir, wir werden kein einziges Wort miteinander wechseln.« Es war ein heißer Tag gewesen. Jetzt kam die Kühle. Wir gingen ins Moor. Barfuß durch den warmen Sand der Wege. Ich wurde fast wahnsinnig, weil ich mir selbst Sprechverbot auferlegt hatte. Aber dann hörte ich, wie die Geräusche der Natur immer intensiver wurden. Mother nature speaks. Wir legten uns auf den Weg, hielten uns an den Händen und schauten in den Nachthimmel. Steil stieg die Milchstraße empor. Wir fühlten uns wie klitzekleine Käfer. Und dann flüsterte ich Christina, obwohl sie mir gestern noch gedroht hatte, sie würde mich später im Rollstuhl vom Deich in die Nordsee platschen lassen, Worte von Djuna Barnes ins Ohr: »Ich bete dich an, mein Häschen und mein Kaninchen, mein Kuchen, mein Zaubertrank, mein Fink, mein Pudding, mein Haselhuhn!« Und wenn wir jetzt die Flügel unserer beiden Gänse Ingrid und Tamara hätten, die wir letztes Weihnachten gebraten hatten, dann würde ich sie an unsere Arme binden und wir würden losfliegen. In Richtung Wega im Sternbild der Leier.

Wir Menschen sind Reisende.

Monika Köhler

Zelebration einer Ehe

Wer an einem Freitag, den 13., heiratet, muß sich nicht wundern.

Und wer sich gar an einem Ort kennenlernt, der »Massengrab« heißt, noch weniger (– auch wenn es ein Kulturkeller war und die Lesung eine angeblich erotische). Das Verhängnis ist vorgeplant, da gibt es kein Entkommen.

Wenn er dann beim ersten Treffen sie in einem unmöglichen Mantel mit riesigen Clownsknöpfen an der Ecke stehen sieht, nicht vorbeifährt, sondern anhält – dann hat das Schicksal zugeschlagen.

Und wenn er ihr gleich am zweiten – oder dritten – Tag sein Archiv zum Ordnen gibt, ist ihr nicht mehr zu helfen – wenn sie nicht widerspricht.

Wer später im Ehealltag nicht jeden zweiten Tag einen Teller in Scherben wirft, kann nicht behaupten, daß die Ehe gut sei. Welchen Grund sonst gäbe es, sich zu versöhnen? Und wie soll man seine Stimme stärken – für Lesungen, beispielsweise?

Wenn nicht immer mal einer heimlich das Haus verläßt, um in Wald zu gehen – er käme nie an die frische Luft, ohne Hund. Und der (die) Suchende auch nicht.

In Ausnahmefällen kann Schnee sehr nützlich sein, um sich darin – mitleidheischend – demonstrativ zu wälzen. Hätte man das nicht, man müßte ja ins Theater gehen.

Wer nicht die Möglichkeit hat, sich – mittels einer Leiter – aufs Dach zurückzuziehen, sich unsichtbar und unauffindbar zu machen, ist arm dran.

Wer das nicht kennt, das Fernschweigen an irgendeinem öffentlichen Fernsprecher viele Straßenecken entfernt – weiß nichts über Ehen an und für sich.

Zu erwähnen wäre noch die Demonstration der Passion. Klaffende Wunden, vorgewiesen, um zu demütigen oder wettzueifern oder um zu beschämen. Wenn Du nicht, dann... Oder ein Schnupfen vom Warten an zugigen Ecken. Wer wäre da, um zu bedauern – oder nicht – wenn keiner da wäre?

Wenn nicht jeden zweiten Tag einmal das Blut in Wallung geriete beim Anblick von umgedrehten Hosenbeinen (die achtlos herumliegen), offenen Zahnpastatuben oder ungeordneten Zeitungsstapeln – die Ehe wäre wie ein langer Schlaf.

Oder das tägliche Ritual des Suchens von immer den gleichen Dingen, das zelebriert wird – wer es nicht kennt, lese die Fortsetzung.

Sein Zimmer

Sein Zimmer ist eine Welt – die ist so groß –, aber immer zu klein. In seinem Zimmer herrscht immer das Chaos.

Sein Zimmer ist ein Moloch, der alles frißt: Notizen aller Art, Briefe, Quittungen, Schecks sogar, natürlich auch Telefonnummern auf Zeitungsrändern.

Sein Schreibtisch ist ein Opfertisch, dem dargebracht werden: Ausschnitte vor allem, Bücher, wichtige Zettel, die sie schreibt – meist auf farbigem Papier – in der irrigen Annahme, daß es auffallen müsse. Die Radiozeitung (eine von mehreren) verschwindet von einer Minute zur anderen – spurlos. Auch die Fernbedienung. Seine Maus ist angebunden, Gott sei Dank. Wie viele Mappen gibt es, auf denen steht: »eilt« oder »wichtig« oder »Briefe« oder sonstwas. Die kann man finden oder nicht – auch von Jahren vorher. Manche Briefe, ungeöffnet, erledigen sich von selbst. Mahnzettel der Universitätsbibliothek schmecken dem Tisch besonders gut, und Manuskripte – oder Teile davon – bleiben oft im Fotokopierer liegen, unsichtbar.

Sein Zimmer ist eine Welt, bevölkert mit Tausenden von Kassetten voller wichtiger Sendungen – aber nicht beschriftet (»Happy tape«, ein Großeinkauf bei einer Versteigerung). Und Hunderte von Video-Kassetten leben da in Ecken, zwischen Büchern – auch ohne Aufschrift. Aber es gibt einen Ordnungsfaktor, Stehordner in allen Farben, aus Plastik und auch meist ohne Beschriftung. Man kann ja nicht wissen, ob später mal was anderes da hinein soll. Dort verstecken sich gern dünne Dissertationen aus der Bibliothek, die dringend gebraucht werden. . . .

Sein Zimmer setzt sich in ihrem fort und so weiter – bis in den Keller. Für das Auto ist schon kein Platz mehr. Der Keller ist ein Dschungel von Zeitungsbergen und Büchern in Kisten. Ein paar Körbe mit Muscheln und Korallen und Steinen finden sich zwar auch, zugegeben.

Jetzt kommt noch was Neues hinzu: CD-Scheiben oder CD-ROM, Disketten sowieso. Das spart ja so viel Platz (die alten Lexika gibt's nicht auf CD).

Wenn sie hört: »Wo ist denn?« Was? »Komm nur nicht in mein Zimmer!« – Blaubart hatte sein verbotenes Kabinett – wir wollen nicht von Leichen reden. Dafür ist sie zuständig, für tote Fliegen, Spinnen – Leichen eben.

Am schlimmsten sind Gelegenheiten, wo mal gründlich aufgeräumt wird. Da findet man hinterher gar nichts mehr – überhaupt nichts. Bücher, die sie haben, aber aus der Bibliothek holen, weil – ja wo stehen die denn? Manchmal denkt sie, auf seinen Schreibtisch gehören Blumen. Natürlich geht das schief. Geschrei nach einem Lappen. Wieder ist sie zuständig, weil, Männer fassen sowas nicht an.

Das klingelnde Telefon ist nicht zu finden, Papierberge sind darübergeschichtet, ein wichtiger Ausschnitt ist innerhalb von fünf, nein zwei Minuten verschwunden – aufgefressen vom Schreibtisch, der irgendwann platzt, oder sein Zimmer oder . . .

Übrigens, sie hat auch keinen Schreibtisch (zwar stehen da zwei in ihrem Zimmer . . .)

Das Chaos ist ansteckend – und das noch im dreiunddreißigsten Jahr.

Astrid Schumacher

Grand Foulard mit arabischem Muster

Jule wünscht eine Bettdecke. Eine schöne, elegante, romantische. Und Massen von Kissen mit seidigen Bezügen, in die sie sich kuscheln und von Keanu Reaves, der als Brustbild – nackt und mit verschleiertem Blick – an ihrer Pinnwand hängt, träumen kann.

Jules Augen schimmern feucht, ihre Unterlippe zittert. Diesen Ausdruck kann sie mühelos anknipsen, wenn sie etwas haben will. Weiß ich.

Aber da gab es das zerfledderte, unsauber gedruckte Portrait aus der BRAVO. Marlon Brando, an die Tapete geklebt. Mein Klappbett ermöglichte keine aufwendige Dekoration, das Portemonnaie meiner Mutter sowieso nicht. Sich unter diesen Umständen in eine Hollywood-Bettstatt zu träumen war nicht leicht. Also: Ich, die eigentlich einen schlichten Einrichtungsstil ohne pflegeintensive Accessoires bevorzugt, stürze mich wie eine Blöde begeistert in die Aufgabe, die passende Tagesdecke zu suchen. Zu finden. Zu einem schweinemäßigen Preis.

Jules Augen glänzen ehrlich begeistert. Und weil ich ihre Vorstellungen getroffen und außerdem so viel Geld ausgegeben habe, hört sie sich auch geduldig meine kunstgeschichtlich auf wackeligen Füßen stehenden Erklärungen über die Tradition der arabischen Ornamentalkunst an.

Wieso interessiert Bernt das gar nicht? Warum reagiert er angesichts der Rechnung so ungeduldig? Läßt er sich nicht in regelmäßigen Abständen von seiner Tochter Jeans, Jacken und Sweatshirts abschmeicheln?

Das Grand Foulard ärgert ihn. Erstmal kann er es nicht richtig aussprechen, wütet nur über den Lappen, zweitens erinnert ihn das Dekor an seine Mutter, und überhaupt, wozu eigentlich? Er habe schließlich auch keine Schmuckdecke auf seinem Ehebett!

Ach, Bernie! Das ist doch ganz etwas anderes. Wir sind doch verheiratet! Seit endloser Zeit. Reingerutscht ohne nachzudenken, nie bezweifelt, niemals ernsthaft gelitten, manchmal euphorisch, meistens ganz alltäglich glücklich gewesen. Wir haben kleine Reparaturmechanismen für nervige Reibereien installiert, und deshalb kann ich jetzt auch cool auf mein eigenes Gehaltskonto verweisen und trotzdem unten in der Waschküche beim Ausräumen des Trockners nicht wirklich bittere Tränen vergießen.

Unsere Claims sind abgesteckt. So oft haben wir beim Wein großartige Theorien über ein gelungenes Zusammenleben aufgestellt. Wurstpakete (ungefährlich aber wirkungslos), tiefgefrorene Shrimps (blutende Lippenverletzung und tagelange Ehekrise) und Colaflaschen (nicht zu empfehlen; man muß den Schweinkram hinterher aufsammeln bzw. aufwischen) habe ich dennoch nach dir geworfen. Wenn du mich so gar nicht verstehen wolltest. Oder konntest.

Sei nicht traurig, sagt Jule, als ich sie – die teure Decke liegt als Haufen auf dem Boden – in den Schlaf singe. Männer sind so, die kapieren null. Sogar Papas! Morgen hat er das sowieso vergessen.

Töchter sind ein Segen! Jule lümmelt am nächsten Tag in schmutzigen Schuhen auf dem Foulard. Mit mildem Gesichtsausdruck sagt Bernt: »Na, mein Schatz«, und wendet sich seinen Aktivitäten zu. Vermutlich prüft er, ob die Foulardrechnung als Ausstattung meines Arbeitszimmers steuerlich absetzbar ist. Für mich hat er ein »Wieder okay?« parat. Und geräucherte Gänsebrust zum Abendbrot.

Okay. Ich und Jule haben unsere Decken zum Träumen. Hin und wieder. Ehemänner und Väter sorgen schon dafür, daß die Träumerei nicht überhand nimmt.

Aber heute nacht, wenn Bernt ins Bett gegangen ist, gucke ich das alte Marlon-Video!

Uwe Herms

Das Gelächter meines Sohnes

Ich fand es richtig, meinem Sohn einen Anstandsbesuch zu machen. Ich faßte mir ein Herz und fühlte es klopfen. Mir war, als müsse ich, mein eigener Hochzeitsbitter, bei ihm um die Hand seiner zukünftigen Stiefmutter anhalten. Beim Kaffee auf seinem Sofa offenbarte ich meine Absicht, wieder zu heiraten, und bekam ein konvulsivisches Gelächter zu hören. Mein Sohn stand unter Schock.

Er hatte mich während zweier Jahrzehnte nur als zwieschlächtigen Helden kennengelernt, dessen wilde Ehen tragikomische Verläufe zeigten – junges Glück, Peripetie der Harmonie, Absturz in Kummer und Trennung, alsdann phönixhafte Auferstehung zur Inszenierung eines weiteren Zweipersonenstücks ohne Trauschein. Ewige Wiederkehr des Plagiats: Keine Empfehlung für einen Schriftsteller.

Im Laufe der Jahre entwickelte mein Sohn eine Art väterliches Interesse an der Vergeblichkeit meiner Liebes- und Lebensmüh'. Aus meinen Versuchen lernte er mehr als ich selber. Manchmal zeigte er Züge prognostischer Weisheit. Wie jeder Jugendliche, wollte ich ihr keinen Glauben schenken. In liebender Nachsicht ließ er mich meine Erfahrungen selber machen.

Die Kühnheit, nach soviel Jahren auf der unbeglaubigten Wildbahn noch einmal heiraten zu wollen, hatte er nicht vorhergesehen. Bevor in mir die Gefühle des Überraschungssiegers aufblühen konnten, erholte er sich von seinem Gelächter und lächelte. Wie eine frühkindliche Erinnerung taute aus seinem Mund die Frage, ob ich nicht zuletzt mit Ypsilon verheiratet gewesen sei. Ypsilon war seine Mutter.

Mit ihr hatte ich ein großes Liebesunglück in die Welt gesetzt und hing wohl deshalb in so immerwährender Liebe an meinem Sohn. Denn er war der unsere und war mein einziges Kind.

Manchmal, flüchtig wie im *déjà vu*, nahm ich an ihm kleine Handbewegungen wahr, ein charakteristisches Schulterheben, ein fernes Timbre im Tonfall, die edle Nasenflügelstraffung – mimetische Erhellungen, die mir, nach all den Jahren, seine Mutter noch einmal als meine Liebe zur Erscheinung brachten, und ich wurde traurig vor meinem Sohn, daß wir einander so gekränkt hatten – und war doch auch dankbar, daß er da war, es mich nicht vollends vergessen zu lassen.

Mein Sohn und ich, wir saßen noch lange. Er kochte Kaffee nach, wir rauchten zuviel, und wir erzählten uns wie alte Freunde die Geschichten, die Erfahrungen, die Ratschläge, die wir voneinander schon kannten, aber wir erzählten sie ein wenig anders, etwa so wie *nach der Wende*, als wären wir Ausgewanderte des bisherigen Lebens und faßten die Pulsschläge eines neuen ins Herz. Auch mein Sohn war kein Meister des Glücks und der Dauer, eher ein Irrfahrer in den Labyrinthen der Liebessuche, nur hatte er die Klugheit der neuen Generation, die Dinge *cool* zu sehen und *auf sich zukommen* zu lassen.

Ihm als dem scheidungsgeschädigten Kind war Heirat *nicht so mein Ding*, und ich mußte zugeben, daß mich meine Absichten selber erstaunten. Zwar konnte ich die verflossene Zeit in etliche Segmente eheartigen Lebens einteilen und die aufgelösten Beziehungen waren durchweg nicht in Unversöhnlichkeit verkommen. Aber die gesellschaftlichen Techniken von Eheschluß und Ehescheidung hatte ich verlernt. Ich konnte mich nicht einmal mehr der Daten genau erinnern, und diese papierenen Gedächtnislappen, die Dokumente, waren verschwunden. Zuerst wunderte ich mich. Dann fiel mir ein, daß sie Opfer meines unordentlichen Sozialverhaltens geworden sein mußten. Immer wieder traf ich seßhafte alte Bekannte, die mich anhand ihrer abgebrauchten Adreßbücher gern über mein schwer verfolgbares Leben aufklärten. Von niemandem sonst hätten sie so viele Anschriften oder Telephonnummern und wären durchaus willig, sie *à jour* zu bringen – diesmal vielleicht auf Dauer? Nunja. Bei aller guten Absicht, soziale Erleichterungen zu schaffen, Gewährleistung wollte ich nicht übernehmen.

Das war allerdings nur eine Vorsichtsmaßnahme nach außen, um nicht in Zugzwang zu geraten. Innerlich hatte mich, durch alle Fährnisse der Liebe im Inland wie im Ausland, eine *per-aspera-ad-astra*-Überzeugung aufrechterhalten, wider den Augenschein der Vernunft. Ich wähnte und wahnte noch in den finstersten Schluchten der Verzweiflung, daß mich spätestens des Daseins Abendsonne auf einer gehobenen Glücksalm weiden sehen würde. In Zeiten der Melancholie und des drohenden *burn-out* labte ich mich am Vers-Trank alter Dichter, deren Originalabfüllungen ich als Energielieferanten noch heute deutlich höher bewerte als jene Elektrolytgetränke, die man Marathonläufern zuwirft. Besonders gut abgestimmte Nährlösungen fand ich z. B. bei Andreas Gryphius, dem Augenzeugen eines anderen dreißigjährigen Jammertals (»Du siehst wohin du siehst nur Eitelkeit auf Erden...«), oder bei Simon Dach (»Die Sternen lan ihr Glitzern stahn, / Mit mir sie wollen weinen. // Kein Vogel-Sang, noch Freuden-Klang / Man höret in den Luften, / Die wilden Tier, traurn auch mit mir, / In Steinen, und in Kluften.«).

Meinem Sohn erklärte ich das Phantombild meiner Zuversicht anders. Er hatte eine Abneigung gegen Bücher, gegen literarische Drogen und gegen den Beruf seines Vaters entwikkelt, als wären sie bevorzugte Geschwister und Zuwendungskonkurrenten. So zeigte ich ihm einen Stempel aus Stein, den man mir einst in Peking geschenkt hatte. In ihn eingeschnitten war mein Name, übersetzt in die Zeichen alter chinesischer Bilderschrift. Lies doch, sagte ich zu meinem Sohn.

Zu lesen war da nichts, aber es war etwas zu sehen. In feinen, verschlungenen Graten schien der Stein meinen Namen als System der Umwege abzubilden, endend in zwei Figuren. Sie sahen, anders als alle anderen Zeichen, aus wie ein Paar. Das ist es, was ich meine, sagte ich zu meinem Sohn. Der Schriftgelehrte in Peking hätte für meinen Namen auch ganz andere Zeichen wählen können, um ihn abzubilden, aber er hat diese gewählt, weil sie ihm so schön vorkamen und passend. Ich finde sie auch schön und passend, und darum heirate ich. Vielleicht findest du das *uncool*, aber ich heirate trotzdem.

Ich kam mir sehr selbständig gegenüber meinem Sohn vor und fühlte mich doch noch als Überraschungssieger. Dies übrigens zusätzlich vor den Maßstäben aufgeklärter Weltkinder, die ja die Eheschließung entweder kaltblütig zur Lockerung der

Steuerschraube vornahmen oder sie als konservative Beschädigungstechnologie im Einsatz gegen die wahre Liebe und die Freiheit des Einzelnen entlarvten. Natürlich mußte ich erklären, kein esoterischer Knecht geworden zu sein, der die Schönheit und Wahrheit einer chinesischen Stempelinschrift als Dienstanweisung für das Standesamt umsetzte. Die Frau meines Vertrauens entsprach vielmehr jener *anima continua*, mit der ich im Grundton des *basso continuo* jahrzehntelang andere Frauen verwechselt hatte. Darin lag die tiefgegründete Notwendigkeit, vom Vertrauen zur Trauung fortzuschreiten. War es denn meine Schuld, daß meine *anima* zu ihrer Materialisierung im wirklichen Leben so überaus lange gebraucht hatte?

Schon vor Monaten war mir der Trick gelungen, meinen Sohn, einen feinen Schlagzeuger, zwanglos zum Gutachter über sie zu machen. Ich hatte bei Michael Naura drei Karten für ein Jazzkonzert besorgt. In der Pause nahm mich mein Sohn beiseite und sagte: *Ganz schön frisch, die Frau.* Wie *heißt sie noch*?

Streng genommen brauchte ich sein Gutachten nicht. Aber es war mir schon recht, ihm keine neuen Sorgen zu bereiten. Um ihn vollends über meine Zukunft zu beruhigen, erzählte ich bei meinem Anstandsbesuch noch zwei, drei Dinge, die ich von ihr wußte. Sie ist, so sagte ich, nicht nur *frisch*, sie hat auch Eigentümlichkeiten einer Heldin. Beispielsweise hätte sie aus Versehen fast einmal ihren früheren Mann erschlagen. Sie hielt einen Schönheitsschlaf auf dem Sofa. Sie erwachte durch alarmierende Geräusche an der Haustür. Im Reflex von Sekundenbruchteilen ergriff sie eine Steingutvase, schoß an die Tür und schlug zu. Ein Fall von Territorialverteidigung. Kein Eindringling würde ihre Wohnung betreten. Kein Augenblick für Furcht und Zweifel. Aber Helden dieses atavistischen Zuschnitts werden nicht einmal von sich selbst besiegt. Sie können genauso schnell umsteuern, wie sie zuschlagen. Ihr damaliger Mann wurde nicht einmal gestreift. Du siehst, sagte ich zu meinem Sohn, ich werde in guter Obhut sein.

Mein Sohn wußte, daß auch ich, wenn es sein mußte, durchaus ein *sneller degen* sein konnte, ein nibelungenkühner Kämpfer, ein Held mit den Reflexen des jungen Muhammed Ali, ein geradezu überirdischer Terrier. Sein konvulsivisches Gelächter zeigte ein wenig Bewunderung dafür, daß sein Vater punktgenau einen Überraschungscoup gelandet hatte. Trotz der zwischenzeitlichen Konditionsschwächen und wechselwarmen Sparringspartner, die er von mir kannte, fing er zu glauben an, daß die Frau meines Vertrauens in mir den Mann ihres Vertrauens gefunden hatte – *und umgekehrt.* Daß es uns ernst war, *heilig*-ernst, weil wir alles auch *in der Umkehrung* fühlen, denken und tun konnten. Daß sie auch der *Mann* meines Vertrauens war und ich ihre *Frau,* daß wir einander Liebhaber und Geschwister, Eltern und Kinder, Fahrende und Seßhafte, Kranke und Heilende, Heilige und Ketzer zugleich sein konnten, alchemistisch versöhnt in unabweislicher Wahlverwandtschaft. Als wir dies verstanden hatten, miteinander und durcheinander, erschien uns die Frage *heiraten, ja oder nein?* wie unverbrannter Treber aus den Zeiten der Cholera.

Denn alle Spielarten der Liebe, die wir in unseren getrennt verlaufenen Lebenszeiten schon kennengelernt hatten, waren bei uns noch einmal zusammengekommen und gingen rückstandslos auf in unserem Liebesvertrauen miteinander. So war Trauung unser Wunsch. Ihm nicht zu folgen, wäre uns als Verkehrung erschienen. Und es schien mir nur natürlich, daß mit dieser Trauung *trouwe* sich vollzog und Versöhnung mit allen Lieben, die mir geholfen hatten, sie schließlich zu erlangen. Das sagte ich auch meinem Sohn, als ich auf seinem Sofa saß.

Regula Venske

»Wir müssen dankbar sein, daß es so lange so schön war!« Die Ehe als lebenslanger Diskurs

Ein Gespräch mit Inge und Walter Jens

Regula Venske Die Gesellschaft für deutsche Sprache in Wiesbaden hat eine Liste der Hochzeitstagsnamen zusammengestellt. Interessant ist, daß es zwischen dem ersten und dem 20. Hochzeitstag für jedes Jahr eine oder sogar mehrere – regional verschiedene – Bezeichnungen in der deutschen Sprache gibt, zum Beispiel haben mein Mann und ich die *blecherne Hochzeit* hinter uns und die *gläserne* erreicht...

Inge Jens Welche ist das?

Regula Venske Zwischen dem achten und neunten Hochzeitstag. Aber in den Gefilden, in denen Sie sich befinden, zwischen der *granatenen* und der *goldenen Hochzeit*, gibt es gar nichts.

Inge Jens Ich kenne nur die *silberne*. Wann ist die *granatene*?

Regula Venske Das ist der vierzigste Hochzeitstag. Nach der *silbernen* gibt es den dreißigsten: *Landsknecht*, *Moppen* oder *Perlen* genannt, den vierzigsten: *granaten*, *Rubin*, *Smaragd*, und dann erst wieder die *goldene Hochzeit*. Im Volksmund zumindest wird nach so vielen Jahren sprachlich nicht mehr differenziert; kehren wir also zunächst einmal zu den Anfängen zurück. Sie haben 1951 geheiratet. Wie war das, Herr Jens, haben Sie Fräulein Inge Puttfarcken einen klassischen Heiratsantrag gemacht?

Walter Jens Nein. Wir haben schlichtweg ein Jahr zusammengelebt und uns näher kennengelernt – damals hieß das noch eine *wilde Ehe*. Und meine Schwiegereltern waren nicht sehr erbaut, daß meine Frau, meine spätere Frau, bereits überall als meine Braut firmierte.

Inge Jens Sie waren dann natürlich doch einverstanden. Wir haben uns als Studenten kennengelernt, bzw. ich war Studentin, mein Mann war Dozent, aber wir hatten nicht das gleiche Fach, so daß ich nicht seine Schülerin war. Wir haben auch sehr zeittypisch geheiratet, nämlich sehr schnell. In einem kurzen Entschluß ein Telegramm nach Hause: »Wir müssen heiraten!« Nicht etwa, weil ich ein Kind erwartete, sondern weil wir eine Wohnung angeboten kriegten, die aus zwei Zimmern bestand, die aber nur durch einen Vorhang voneinander getrennt waren. Es wäre völlig undenkbar gewesen, daß wir diese zwei nicht durch Tür oder Wand voneinander getrennten Zimmer bekommen hätten, wenn wir nicht verheiratet gewesen wären. Und eine Wohnung war damals so unendlich wichtig, daß die Eltern sofort sagten: »Alle guten Wünsche!« und »Heiratet in Gottes Namen!«

Wir haben hier in Tübingen geheiratet, sehr schön, im Leibniz-Kolleg, mit vielen Schülern, griechischen Choreutinnen meines Mannes, der damals in dem Kolleg unterrichtete; Walter Killy und Peter Schneider, damals beide Assistenten in Tübingen, waren unsere Trauzeugen. Sechs Wochen später haben wir dann kirchlich in Hamburg geheiratet, unter der Assistenz von Ernst Rowohlt.

Walter Jens Und in dem patrizialischen Ambiente meiner Frau hat es einigermaßen Aufsehen erregt, als mein Schwiegervater gerade zur Hochzeitsrede ansetzen wollte und Rowohlt sagte: »Nein, ich muß als erster reden, ich kenne den Laden am besten. Ich bin sehr oft verheiratet gewesen, aber immer monogam!« So hat er den Bräutigam und die Braut begrüßt. Damals war ›Braut‹ ja noch etwas, und es war lustig, Rowohlt führte meine – führte Inge Puttfarcken durch den Verlag und sagte in jeder Abteilung: »Das ist die Braut von Walter Jens, und zwar die richtige, nicht das, was ihr denkt!«

Seine große Stunde hatte Ernst Rowohlt, als er bei unserer Hochzeit meine Frau beiseite nahm und ihr sagte: »Ich habe etwas ganz Wichtiges für Sie. Ihr Mann, ein Schriftsteller, wird gnadenlos verrissen werden, und er wird antworten wollen. Und dann, meine Liebe, kommt Ihre Stunde: Nehmen Sie ihm den Bleistift aus der Hand! Niemals antworten, auch nicht bei den blutigsten Verrissen!« An diese Regel haben wir uns bis heute gehalten und sind sehr gut dabei gefahren.

Regula Venske Ein ungewöhnlicher Rat für eine Braut! Thomas Mann, den niemand besser kennt als Sie, Frau Jens, schrieb unter Berufung auf Hegel, daß der sittlichste Weg zur Ehe der sei, bei dem der Entschluß zur Verheiratung der Neigung vorausginge.[1] Das war bei Ihnen demnach nicht der Fall.

Walter Jens Wir liebten uns! Wir liebten uns, und später heirateten wir uns, und lieben uns heute noch. Und es ist im Laufe der 45 Jahre bei uns immer interessanter geworden – wenn da eine Steigerung möglich gewesen wäre. Wenn man älter wird, ist es natürlich sehr reizvoll, wenn beide in etwa den gleichen Beruf haben, die ›objektive Basis‹, haben wir immer gesagt. Und es gibt sehr sehr viele lange, treibende Gespräche über die Jahre hinweg.

Inge Jens Wir hatten natürlich nicht nötig, uns »eine Verfassung zu geben«, wie Thomas Mann es genannt hat. Thomas Mann mit seinen diversen homoerotischen Bindungen hat eben zunächst einmal den Entschluß gefaßt, diesem Leben Valet zu sagen, und hat sich dann umgeschaut, wo ist eine geeignete Frau? So könnte man es interpretieren, wenn man den Text liest. Es ist natürlich auch bei ihm nicht so gewesen, sondern zunächst einmal hat er Katia Pringsheim kennengelernt, und dann hat er gesagt, vielleicht wäre die Ehe mit einer solchen Frau die Rettung für mich ... Wir sind doch in einer ganz anderen Zeit großgeworden. Am Anfang stand das Finden, dann kam der Entschluß. Und wir hätten auch jeder allein existieren können, wenn wir uns nicht gefunden hätten.

Regula Venske Nun ist das Zitat ja auch insofern interessant, als Thomas Mann sich gleich mit einem Überbau umgibt.

Walter Jens Das war bei uns schlichter, wir begannen damit, daß ein Pakt geschlossen wurde: Meine damalige Freundin heizte mir den Ofen, und ich brachte ihr die Anfangsgründe des Griechischen bei. Das wurde bald aufgegeben, aber den Ofen hat sie zwanzig Jahre geheizt.

Inge Jens Im übertragenen Sinne noch länger!

Regula Venske Frau Jens, in einem Interview mit dem Deutschen Allgemeinen Sonntagsblatt[2] haben Sie einmal gesagt, daß Sie eigentlich »mit ganz konventionellen Vorstellungen« in die Ehe gegangen seien.

Inge Jens Ich hatte studiert, ich habe in den ersten Jahren unserer Ehe noch meinen Doktor gemacht, und insoweit war die Rollenvorstellung vielleicht doch nicht ganz antiquiert. Aber natürlich bin ich in die Ehe gegangen mit einem fixierten Rollenverständnis: Der Mann verdient das Geld, und die Frau sorgt für Haus und Kinder. Nun hat es bei uns einige Zeit gedauert, bis wir Kinder kriegten, insofern hat sich das mit dem Haushalt ein bißchen erübrigt. Und ich habe angefangen, selbständig zu arbeiten, und habe das dann auch mit den Kindern nicht mehr aufgegeben.

Regula Venske War das ein Prozeß – daß Sie vielleicht in Ihrem Verhalten schon weiter waren als in Ihrem Bewußtsein?

Inge Jens Sicherlich. Die Theorie wurde immer wieder von der Praxis überholt. Aber diese theoretischen Vorgaben waren doch sehr stark und haben relativ lange jedenfalls die Richtung meines Denkens und Lebens bestimmt. Daß dann *in praxi* manches anders aussah, habe ich zunächst einmal situationsbezogen interpretiert, bis ich mich an einem Punkt dazu entschlossen habe zu sagen: »Eben genau das, von dem du bislang geglaubt hast, es sei die Abweichung, ist, jedenfalls für uns, die Norm!«

Walter Jens Die Normen waren sicherlich stärker auf seiten meiner Frau, die im Gegensatz zu mir eher großbürgerlicher Herkunft ist. Unsere Kinder pflegten, etwas ironisch, zu sagen: »Mami hat unterm Stand geheiratet!« Aber unsere Freunde, wir gehörten der Gruppe 47 an, waren Künstler und hatten vollkommen andere als bürgerliche Normen – Bohemiens, Menschen, die ihre Sache auf nichts gestellt hatten, ohne Pensionsaussichten.

Inge Jens Nein, ganz so war es denn doch nicht, wir lebten ja nur in einem Teil unserer Existenz mit Künstlern zusammen. Du warst immerhin in einer kleinen, seit Jahrhunderten durch die Universität geprägten Stadt Dozent an eben jener Universität, das heißt, ein Teil des Lebens wurde durchaus von schwäbisch-bürgerlichen Vorstellungen geprägt, die sich von hanseatisch-bürgerlichen nicht unwesentlich unterschieden. Insofern haben wir, und ich denke erfolgreich, uns bemüht, einen uns angemessenen Lebensstil zu finden, der weder der Boheme ganz angehörte noch sich den Normen eines obsolet gewordenen Bürgertums verpflichtet wußte. Aber natürlich: Einer vernünftigen Freiheit und einer vernünftigen Bindung haben wir nie abgeschworen.

Walter Jens Wobei man sich heute von der Bescheidenheit der Existenz, die wir damals mit, was weiß ich, 350 Mark im Monat, führten, keine Vorstellung macht. Wir hatten kein fließend Wasser, als wir unsere erste Wohnung bezogen, wir hatten ein Plumpsklosett mit Luftspülung und Handbremse, mehr gab es nicht, ein Bad stand in der Küche zur Verfügung. Das war schon sehr sehr anspruchslos, aber wir sind beide Kriegskinder, für uns war das selbstverständlich. Wir waren glücklich, wir konnten zusammenleben. Und auch wenn wir heute natürlich sehr viel etablierter wohnen: Wir sind an ein bescheidenes Leben gewöhnt. Unsere Freunde sagen oft, wir seien grausame Asketen, weil wir bis heute nicht so richtig gelernt haben, Sekt von Champagner zu unterscheiden, aber wir fühlen uns dabei auch recht wohl.

Regula Venske In dem Jahr, in dem Sie geheiratet haben, haben Sie ein Hörspiel mit einem ganz bemerkenswerten Titel verfaßt: *Ein Mann verläßt seine Frau!* Hatte das eine Beziehung zur Eheschließung?

Walter Jens Ich muß jetzt vollkommen passen, ich kann den Inhalt nicht mehr rekapitulieren. Der Mann ist mir aus der Distanz sehr fremd, der da seine Frau verläßt... Und ich muß, jetzt ernster werdend, sagen: Wenn man heiratet, einen Menschen liebt und ernstnimmt das ›Bis der Tod euch scheide‹ und ›Einer trage des anderen Last‹ – das haben wir immer getan – dann bleibt ein Gedanke von Anfang an über die Jahre hinweg der schmerzlichste: Daß einer alleinbleiben wird am Ende. Und jeder Mann, alle Männer aus unserem Freundeskreis sagen mit schnödem Egoismus: »Ich möchte als erster sterben.«

Ich glaube, meine Frau wird leichter damit fertig. Ich möchte das nicht über mich bringen, daß ich da am Grabe stehe. Dieser Gedanke begleitet uns ein Leben lang; aber wo wir nun so alt geworden sind, überwiegt den möglichen Schrecken natürlich die riesengroße Dankbarkeit, daß man über so viele Jahre hinweg zusammensein und ein ein Leben währendes Gespräch führen konnte.

Inge Jens Dieses ominöse Hörspiel, von dem Sie sprachen, haben wir sogar gemeinsam in Baden-Baden produziert. Gert Westphal führte Regie, und Manfred Häberlen war Dramaturg. Ich weiß noch, daß es irgendwo einmal in einem Zug spielte, denn für mich war es der erste Umgang mit Hörspieltechnik, und mir hat sehr imponiert, wie dieses Zuggeräusch eingeblendet wurde. Aber wenn Sie mich nach der Handlung fragen – ich weiß es wirklich nicht mehr.

Walter Jens Ach, ich weiß nur, daß ich einen Bahnhofsbeamten spielte, der sagt: »Der Zug nach ... fährt ...« Eine kleine Rolle; Inhalt ist vergessen, wie so vieles andere. Wir haben einen eigenen Umgang auch mit unseren Manuskripten gehabt; ich glaube, dieses befindet sich noch im Archiv des Südwestfunks; aber wir sind generell sehr lässig umgegangen mit dem, was wir selbst geschrieben haben, Manuskripte wurden weggeworfen, die wurden nicht für die Ewigkeit aufbewahrt. Natürlich sind dabei auch sehr viele Briefe von später hoch bedeutenden Freunden, die man beantwortet hatte, verlorengegangen. Archivare schauen mich heute entsetzt an, und ich schaue mich auch entsetzt an, wenn ich sage, zwanzig Celan-Briefe werde ich schon weggeworfen haben.

Regula Venske Es gibt inzwischen zahlreiche Bücher und Artikel über schreibende Paare, die, zumal von meiner Generation, unter dem Problem der Konkurrenz betrachtet werden. Hat das je eine Rolle gespielt? Ihr Mann, Frau Jens, war der prominente, und Sie waren mit den Kindern doch auch anderweitig eingebunden.

Inge Jens Das ist nie ein Problem gewesen, weil ich ja mit dieser alten Rollenvorstellung in die Ehe gegangen bin, daß der Mann der Führende sein würde – zunächst einmal ganz allgemein, dann zumindest auf geistigem Gebiet, und natürlich war er auch der Führende, was die eigene Produktion anging. Ich habe ja erst relativ spät angefangen, für die Öffentlichkeit zu produzieren,[3] und ich hätte nie eine einzige Zeile schreiben können, wenn ich mich im Wettbewerb zu meinem Mann gesehen hätte. Vielleicht haben wir Glück gehabt, ich bin eben als Editorin mit dem Schreiben in Berührung gekommen, und das ist etwas, was mir sehr viel mehr liegt als meinem Mann. Das hat sich herausgestellt, als wir die Geschichte der Universität Tübingen schrieben, da habe ich ihm die Materialien bereit gestellt, und er hat das Buch geschrieben. Auch damit hatte ich keine Schwierigkeiten, nur als das Buch erschien und meine Arbeit überhaupt nicht gewürdigt wurde, weil ich im Titel[4] nicht vorkam, da war ich in hohem Maße getroffen. Ich hatte das nicht vorhersehen können. Ich wußte es natürlich – der Verleger sagte, das Buch verkaufe sich besser, wenn nur Walter Jens draufsteht, und ich sagte: »Okay, mag Walter Jens draufstehen!«

Aber als das Buch erschienen war und ich so gar nicht in Erscheinung trat, ist es mir doch schwergefallen, und ich habe beschlossen: »Das machst du nie wieder!« Ich wußte ja, wie groß mein Anteil an diesem Buch war, ich habe immerhin drei Jahre lang mindestens fünf Stunden am Tag in den Archiven gesessen.

Walter Jens Daraus haben wir gelernt.

Inge Jens Ich habe mich etwas leichtfertig darauf eingelassen, da habe ich mich vermutlich überschätzt.

Regula Venske Vielleicht haben Sie, gerade weil es innerhalb der Beziehung kein Problem war, nicht damit gerechnet. Statt von Konkurrenz oder Klassenkampf der Geschlechter, wie meine Generation es betrieben hat, kann man bei Ihnen von einer Kameradschaft sprechen?

Walter Jens Ja, eine Kooperation – vor allen Dingen auch in politischer Hinsicht. Wir sind immer auf seiten der Linken beheimatet gewesen, sind beide dezidierte Pazifisten. Es war für uns eine Selbstverständlichkeit, in Mutlangen tätig zu sein, das erforderte keinen besonderen Mut. Und als hier eines Tages zwei amerikanische Kriegsdienstverweigerer vor der Tür standen, brauchten wir uns nur anzusehen, um zu sagen, Folgen hin, Folgen her, Verurteilung ja oder nein – wir sind ja verurteilt worden –, das spielt keine Rolle. Die beiden sind uns anvertraut, und wir werden sie aufnehmen. Es wäre ja entsetzlich gewesen, wenn der eine gesagt hätte: »Ja, vielleicht doch lieber nicht...« und der andere: »Auf jeden Fall!«

Inge Jens Insofern ist natürlich Kameradschaft schon richtig.

Regula Venske Ich zitiere mit diesem Wort noch einmal Thomas Mann, der in dem Zusammenhang auch von der »Vermenschlichung« beider Geschlechter durch die Emanzipation der Frau spricht.[5]

Inge Jens Ich glaube auch, daß ein wirkliches Zusammenleben immer eine Vermenschlichung von Mann und Frau bedeutet und damit auch ein Annähern der Geschlechterstandpunkte; die Geschlechterdifferenz verliert zunehmend an störender Bedeutung – sie wird sich nie ganz aufheben lassen...

Regula Venske Das wäre auch schade, es ist ja auch eine Spannung.

Inge Jens Ich wollte gerade sagen: Die Spannung braucht man natürlich auch. Und es gibt, wenn man diese Spannung wirklich positiv auffaßt, unendlich interessante, spannungsgeladene Gespräche, die durchaus nicht immer in Übereinstimmung enden, die aber an der Grundübereinstimmung nichts ändern. Wenn man in den wirklich wichtigen Lebensprämissen übereinstimmt, kann man im Detail, auch in vielen Details, ruhig verschiedener Meinung sein, kann diese Verschiedenheit sogar ›ausleben‹, wie es auf neudeutsch heißt, ohne daß dadurch die Ehe oder die Atmosphäre oder sonst irgend etwas in Frage gestellt wäre.

Regula Venske Herr Jens, Sie haben in dem schon erwähnten Gespräch mit dem Deutschen Allgemeinen Sonntagsblatt von der *concordia discors* gesprochen, und dann haben Sie, Frau Jens, so nett gesagt: »Davon wirst du mich nie überzeugen.«

Haben Sie für Ihre Ehe Theorien, Ideale, Schutzheilige der Harmonie? Ist sie eine Gnade, die einem in den Schoß fällt, oder Arbeit, die immer wieder theoretisch reflektiert worden ist?

Inge Jens Viel Arbeit! Eine Ehe ist wirklich viel Arbeit, und je mehr Arbeit man in sie investiert, desto besser ist das Ergebnis. Insofern ist sie anderen Erscheinungen des Lebens durchaus vergleichbar. Mit der Ablehnung der *concordia discors* habe ich wahrscheinlich gemeint, daß ich unter Umständen Meinungsverschiedenheiten leichter ertragen kann als mein Mann, Divergenzen irritieren mich nicht. Es kann sein, daß das eine Zeitlang für dich schwieriger war – heute auch nicht mehr.

Walter Jens Ich verliere nicht so gern wie du, das ist sicherlich richtig.

Inge Jens Nicht, das fällt dir schwerer als mir!

Walter Jens Natürlich sind einige Probleme wichtiger, andere, z. B. sexuelle Probleme, werden im Alter geringer, wobei man mit Therese Giehse sagen muß – bzw. gern sagt –, als eine junge Kollegin sie nach der Sexualität im Alter fragte:

»Mein Kind, es endet nie.« Natürlich gibt es Verschiebungen, man reagiert *in sexualibus* als Siebzigjähriger anders als ein Dreißigjähriger.

Regula Venske Da Sie es schon gerade selber ansprechen: Was hat Treue für Sie bedeutet?

Inge Jens Treue ist der wichtigste Begriff für eine Ehe. Eine Ehe ohne Treue ist für mich absolut undenkbar, wobei ich alt genug bin und dementsprechend viele Formen der Ehe gesehen habe, daß ich diese Aussage wiederum nur für mich machen kann, für *meine* Ehe und nicht für *die* Ehe schlechthin. Ich kenne Ehen, die zumindest *in sexualibus* durchaus nicht auf Treue gestellt sind und trotzdem, soweit das ein Außenstehender beurteilen kann, hervorragende und glückliche Ehen sind. Fremdgehen wäre für uns beide, glaube ich, nicht in Frage gekommen.

Walter Jens Es muß dann beiden das gleiche Recht zugestanden werden. Wogegen sich meine Frau zeitlebens gewandt hat, zu Recht, denke ich: Dem einen steht zu, was der anderen nicht gestattet ist. Dann, bitte schön, gleiches Recht für beide!

Regula Venske Sehen Sie das mit der Treue also genauso wie Ihre Frau, Herr Jens?

Walter Jens Absolut. Mir sind Ehen immer widerlich gewesen, wo zumal der Mann eine Anzahl von Freundinnen hatte, mehr oder weniger heimlich, und dann am Ende, wenn's ihm schlechtging, sagte: »Mutti, du bist doch die Beste!« Also erst sich alles erlaubt und dann – wir kennen ja viele Beispiele – an den heimischen Herd zurückkehrt: »Und nun pfleg mich man...«

Nein, so nicht!

Regula Venske Waren die Verlockungen des Rhetorischen Seminars demnach nicht so stark, wie sie zum Beispiel Dietrich Schwanitz in seinem Roman *Der Campus* entwirft?

Walter Jens Nein, ich wäre mir immer sehr seltsam vorgekommen, etwa mich in eine jüngere Frau zu vergucken. Wir haben in diesem Rhetorischen Seminar, in den *Creative-Writing*-Schreibkursen, ungeheuer interessante Gespräche geführt; ohne jeden Voyeurismus – nun kannten sich die Teilnehmer sehr lange – haben sich Frauen und Männer darüber unterhalten: Wie beschreibt man die sexuelle Faszination auf seiten einer Frau und die auf seiten eines Mannes? Und dabei kam heraus, wie unendlich differenzierter das Empfinden der Frauen gegenüber den eher rüde argumentierenden Männern – die fasziniert sind durch sekundäre Geschlechtsmerkmale et cetera – ist, während unsere Frauen etwa sagten: »Es fasziniert mich, wenn einer so hilflos ist. Oder die Art und Weise des Gehens oder des Sprechens.«

Es kamen auch kuriose Erlebnisse. Wir sprachen über *Amphitryon*, und eine Studentin sagte, es sei doch sehr häufig so, daß, wenn man mit einem Menschen zusammen sei, man an einen anderen denke: »Geht's Ihnen nicht auch so, Herr Jens?« Und ich sagte: »Also, ihr überschätzt mich ein bißchen. Es ist ja sehr ehrenvoll, daß ihr mir das zutraut, aber so ist es nicht.«

Durch diese Schreibseminare,[6] die ich über viele Jahre geleitet habe, wie Höllerer in Berlin oder Muschg in Zürich, habe ich sehr viel gelernt, gerade zu diesem Problem Mann und Frau im Verhältnis zueinander. Aber der Dialog spielte sich auf der kognitiven Ebene ab.

Inge Jens Ich würde Treue aber nicht auf das Gebiet der Sexualität einengen, das ist ein Sonderfall, und das soll jeder für sich lösen. Ich halte sexuelle Treue auch nicht für das wichtigste in einer Ehe. Aber gegenseitige Verläßlichkeit, Treue, was das Da-Sein, das Für-den-anderen-da-Sein, betrifft, das ist sicherlich unerläßlich.

Walter Jens Wir haben beide es immer als Verstoß gegen eheliche Verläßlichkeit aufgefaßt, wenn eine oder einer dem anderen hätte sagen müssen: »Also mit der Hannelore oder dem Klaus kann ich mich besser unterhalten als mit dir, die Gespräche sind eigentlich interessanter.«

Regula Venske Sie haben sich einmal als einen der »letzten Anwälte der christlichen Ein-Ehe«[7] bezeichnet, Herr Jens. Sie haben auch kirchlich geheiratet: Welche Rolle spielt das Christentum?

Inge Jens Mein Mann ist sicherlich der bessere Christ von uns beiden...

Walter Jens Nein!

Inge Jens Doch! Auch der bibelkundigere.

Walter Jens Das bedeutet gar nichts!

Inge Jens Trotzdem denke ich, daß die christliche Grundlage der Ehe für uns beide gleichermaßen verbindlich war. Ich weiß, daß für einen Protestanten die Ehe kein Sakrament ist, aber in dieser Beziehung würde ich mich dann eben als Katholikin definieren. Für mich ist die Ehe ein Sakrament, das Versprechen ›Bis daß der Tod euch scheidet...‹ ist maßgebend gewesen. Ich habe mich bemüht, ihm nachzuleben, und es als Selbstverständlichkeit in mein Leben aufzunehmen. Vielleicht ist es eine Gnade, wenn Sie so wollen – und wenn wir schon in christlichen Begriffen reden – daß keiner von uns so in Versuchung geführt worden ist in diesen langen Jahren, daß er diesen Grundsatz nun wirklich in Zweifel ziehen mußte. Sie können aber auch andersherum sagen: Gerade weil es diese im besten Sinne kanonische, das heißt unauffällig wirksame Bedeutung gehabt hat, ist keiner wirklich in Versuchung geführt worden. Aber wer will das entscheiden? Jedenfalls, *ex post*: Das Christentum im Sinne dieses ›Bis daß der Tod euch scheidet...‹ und auch im Sinne einer gewissen Verpflichtung und Ausrichtung des Lebens über diesseitige Ziele hinaus, das ist für uns beide sehr maßgebend.

Walter Jens Bei klarer Absage an die Unterscheidungen biblischer Art: der überlegene Mann und die Frau, die ihm nachgeordnet ist! Wir sind selbstverständlich immer davon ausgegangen: Beide sind gleichberechtigt. Und je älter wir wurden, desto häufiger haben wir den Spruch unserer Söhne gern begrüßt: »Als Paar seid ihr eigentlich ganz gut. Der einzelne mag ja seine Schattenseiten haben, aber als Paar seid ihr gut!«

Regula Venske Sie haben Ihren Söhnen sicher durch Ihr Vorleben am meisten vermittelt, aber was wäre – bzw. war – der Rat, den Sie ihnen bei der Hochzeit gegeben haben oder den Sie jetzt anderen jungen Paaren geben würden?

Walter Jens Man kann keinen Rat geben. Auch wenn man weiß, das geht nicht gut, werden die Kinder alle Fehler begehen müssen, ohne daß wir ihnen helfen können, so wenig wie unsere Eltern uns helfen konnten.

Inge Jens Ich würde immer noch sagen, und habe den Söhnen auch gesagt: »Überleg dir, ob du a) mit dieser Frau lebenslange Gespräche wirst führen können, ob ihr euch etwas zu sagen habt und b) ob ihr euch wirklich vertraut. Das sind für mich die Essentials. Darüber hinaus muß jeder seine Fehler selbst machen.

Walter Jens Mir ist erst später klargeworden, was Nebensätze bedeuten. Unser Sohn Tilman hat einmal gesagt, wieviel es für ihn bedeutete, daß ich irgendwann am Tisch einmal beiläufig den Satz formulierte: »Wenn ich aufwache, freue ich mich nach so vielen Jahren noch wie vor Jahrzehnten darauf: In fünf Minuten werde ich sie sehen...« Das ist eine Selbstverständlichkeit, man freut sich: Gleich bin ich nicht mehr allein und werde meine Frau sehen. Aber das hat etwas für die Kinder bedeutet. Sie mögen das vielleicht etwas altvorderlich finden, ein bißchen seltsam, aber irgendwie respektieren sie doch unsere Existenzweise.

Regula Venske Ihrer beider liebster Aufenthaltsort, so haben Sie einmal gesagt, ist die Bibliothek. Ist das das Paar, das Sie sich für Ihr Alter vorstellen: Philemon und Baucis in der Bibliothek?

Inge Jens Ja, Bibliothek für den Ort genommen, an dem man sich etwas zeigen, sich austauschen, auch primäre Erfahrungen machen kann. Aber natürlich sehen wir uns auch, so Gott will und wir es können, spazierengehend, vielleicht etwas langsamer als jetzt. Die Goethesche Philemon-und-Baucis-Vorstellung habe ich nicht, wenn ich an unser Alter denke. Ich hoffe, es wird uns vergönnt sein, möglichst lange aktiv, auf welchem Level auch immer, zu sein. Das muß nicht etwas ganz Überfliegendes sein, aber so, daß man sich gut beschäftigt fühlt und fähig, die Ergebnisse dieser Beschäftigung fruchtbar miteinander auszutauschen. Und daß man notfalls bereit ist, auch einer Existenz soweit wie möglich positive Möglichkeiten abzugewinnen, in der einer vielleicht ans Bett, an den Rollstuhl, ich weiß nicht was gefesselt ist. Das haben wir uns oft überlegt: Wie wird das sein, wenn einer krank ist, wenn man nicht mehr kann? Da versagt die Phantasie. Da kann man nur sagen: Wir müssen dankbar sein, daß es so lange so schön war!

Es ist merkwürdig: Entscheidungen für die Zukunft, gerade wenn man alt oder ziemlich alt wird, zu treffen ist kaum möglich.

Walter Jens Ich will es ergänzen: Die Bibliothek fasziniert uns deshalb, weil Alt und Jung da gleichberechtigt zusammensitzen und gemeinsam in einem geistigen Kosmos leben. Im übrigen fühlen wir uns, wie meine Frau gesagt hat, in Sonderheit verbunden, wenn wir, und das tun wir jeden Tag – ich bin seit meinem zweiten Lebensjahr Asthmatiker und habe aus diesem Grunde auch, meiner Krankheit sehr dankbar, niemals

Soldat werden müssen, ein Gewehr zu tragen blieb mir erspart, ich habe auf keinen Menschen schießen müssen –, wir fühlen uns am wohlsten, wenn wir, und das tun wir jeden Tag, anderthalb Stunden langsam spazierengehen und unserer liebsten Beschäftigung nachgehen: gemeinsam in einem Diskurs nachzudenken und uns zu verständigen. Das ist das Wichtigste, was die Zukunft bringen wird.

1 Thomas Mann, »Die Ehe im Übergang. Brief an den Grafen Hermann Keyserling« (1925), in: Thomas Mann: *Essays. Band 2: Für das neue Deutschland,* hrsg. von Hermann Kurzke und Stephan Stachorski, Frankfurt am Main 1993, pp. 267–282, hier p. 276.

2 Deutsches Allgemeines Sonntagsblatt, 6. März 1988

3 Inge Jens (Hrsg.): *Thomas Mann an Ernst Bertram. Briefe aus den Jahren 1910–1955,* Pfullingen 1960

4 Walter Jens in Zusammenarbeit mit Inge Jens und Brigitte Beekmann: *Eine Deutsche Universität. 500 Jahre Tübinger Gelehrtenrepublik,* München 1977

5 Thomas Mann, a. a. O., p. 270

6 Walter Jens (Hrsg.): *Schreibschule. Neue deutsche Prosa,* Frankfurt am Main 1991

7 Hannoversche Allgemeine Zeitung, 13. April 1993

Hans Eppendorfer

Zeit hindert nicht

»... sie meinen, wenn sie aufgedonnert
sind und schmier'n sich Farbe
ins Gesicht hinein. Und stecken
was zum Füllen oben rein, würden wir Männer
vor Begeistrung blind ...«

lese ich in den römischen Sonetten Bellis, eine lauwarme Coladose neben mir, und muß schmunzeln. Die Piazza Navona vor mir und im Rücken die Spanische Treppe, den Ratten der Lüfte jede Speisung verweigernd. Ich hasse Tauben. Rom im Spätsommer. Und denke: solche Dösbaddl – da kenne ich andere Gesichter, als sie diesem Belli vorschwebten, Körper, Typen, Lächeln und Gerüche. Ja, genau, und ich bin glücklich mit diesem Wissen. Alternative Lebensformen sind für mich keine gesellschaftlichen Nullnummern; die Ehe keine Engtanzfete auf Zeit, dem Bruchteil einer Ewigkeit abgeschwindelt – eingetragen, beglaubigt und urkundlich festgehalten mit selbstklebenden Gebührenmarken.

Na, und?!

Wer von uns ist nicht in der Lage, Einsamkeiten zu deklinieren bei Wind und Wetter, ohne Rückgabegarantie, Magendrücken und Kopfschmerz inklusive?! Wer verzichtet schon selbstlos auf Nähe, auf Wärme, auf die Schmetterlinge im Bauch an einem verregneten Februartag, der übellaunig die Blattknospen in den Zweigen gefangenhält gegenüber deinem Küchenfenster. »I love you« von einer zerkratzten CD und zu allem Unglück ist auch noch die Zentralheizung ausgefallen, Umstellung auf Fernwärme. So ein Mist.

Und dann kommt mir dieses wundervolle Gesicht entgegen zwischen Bäckerei und Zeitungskiosk: hoppla!

Ist der Regen plötzlich weniger feucht, der schon aufgegebene Tag weniger grau, trist, belanglos? Ich weiß nichts über Magie, absolut gar nichts von Magnetismus.

Du und ich –

mehr nicht –

darf ich dich Giselle nennen?

Volles Risiko, nicht mal ein Regenschirm mag uns beschützen, dich und mich –

du hast nichts gegen ein Frühstück im Trockenen im »Petit Café«. Was du für schöne Hände hast, diese geschwungene Nackenlinie über dem Pulloveransatz. Wir staunen uns an wie sprachlose Kinder, Unendlichkeiten lang, kramen nach geeigneten Tastlauten, nein, Worte sind da viel zuwenig, ganze Sätze ob ihrer Tragfähigkeit zu unsicher – wieviel Jahre mögen zwischen uns stehen, zwanzig, fünfundzwanzig, nach oben oder nach unten, wir sind beide ungeübt in solchen Abschätzungen. Nur ganz sicher mit dieser Zärtlichkeit aus den Fingerkuppen, dieser Zuneigung aus unsern Blickwechseln – Zeit hindert nicht. Wir werden Wochen brauchen, vielleicht Monate, von einer Eisbecherorgie zur anderen, süchtig nach dieser Stimme am anderen Ende der Telefonleitung. Behutsam reifen Gemeinsamkeiten aus, neue Qualitäten von Nähe, von Zutrauen, von neuen Erkennungschiffren, die Lust nach dem Duft des Gegenübers. Nein, falsch, wir erblinden nicht in Seligkeit miteinander. Auch nicht durch das Naserümpfen unserer Umgebung. Die Wettquoten liegen bei sechs Monaten, allerhöchstens: für die Heterofrau und den schwulen Mann. Was geht es euch an?! Mutter und Sohn. Wir wagen es: Standesamt; eine leere Kirche an einem Ostersonntag in Rom; die Reste ausdünnender Weihrauchschwaden und die erstarrten Wachsspuren vom Hochamt. Wir lassen unsern Traum zwiefach beglaubigen in einer engen Sakristei vom Organisten und einem übermüdeten Kirchendiener. Rote Rosen, üppig gebunden, bleiben auf dem Altar zurück. Der Tag gibt ein Vorsommerfest, wohlig auf heller Haut, eine offene Pferdedroschke karrt uns zum Mittagessen nach Trastevere; Frascati, bianco secco, Saltimbocca à la romana … ein leichter, übermütiger Glimmer begleitet uns, Stunden später, ins Hotel nahe der Thermen des Caracalla in eine ausgiebige Siesta. Zwei Menschen in Festtagslaune, bereit einander entgegen zu wachsen …

Ein Packen frankierter Postkarten im Postamt der Vatikanstadt für zurückgebliebene Freunde und Bekannte:

»... haben geheiratet, bleibt uns vom Hals!«

Das ist gut ein Vierteljahrhundert her –

und die Wärme, die Nähe, die Freude ist immer noch verläßlich, intensiv und belastbar; trotz zunehmender Dellen und Umweltsschrunden, ausgedünnten Haaren oder dem Ziehen in den Gelenken beim Treppensteigen; dem Tribut an das Altern kann sich keiner verweigern. Unser Miteinander zeigt Silberfäden.

Na und?!

Ich danke dir, daß es dich gibt!

Georg Klein

Todtenweis

Oh, es ist hohe Zeit, der Vollmond steigt, und unsere süßen Biester schlafen. Die Früchte unserer Ehe ruhen in einem Dreistockbett, die Jüngste, das langersehnte Mädchen, kuschelt sich oben an die Gitterstäbe, der Mittlere, ein braver Junge, fügt sich in seine Mittellage, und unser Größter, nur ein Jahr jünger als unser Ehebund, schläft mit sonorem, fast schon halbwüchsigem Schnauben auf der untersten Matratze. Gleich wird das Vollmondlicht die Ritzen des Rollos durchdringen, dann fällt das Dreierbett unter dem steten Wälzen seiner Schläfer in ein fast bootsähnliches Schlingern, und dessen an- und abschwellendes Ächzen versichert uns, wir zwei, wir Eheleute, dürfen getrost unsere Zweisamkeit verfolgen. Es ist soweit: Wir reichen uns die Hände und steigen die steile Stiege in das Dachgeschoß hinauf.

Das Reihenhaus, das wir ein halbes Jahr vor unserer Verheiratung erwarben und sogleich bezogen, gehört zur Siedlung Todtenweis, benannt nach einem anthroposophischen Reformbaumeister der Zeit zwischen den Kriegen. Architekt Todtenweis hatte am damaligen Rand der Stadt eine bankrottgegangene Ziegelei erworben, ließ die Fabrikgebäude abreißen und baute eine Mustersiedlung auf das leergeräumte, fast exakt quadratische Gelände. Es fanden siebenundzwanzig kleine Häuser Platz. Alle sind schmalbrüstig und zweistöckig, alle recken die gleichen spitzen Giebel. Alle wurden der Konvention gemäß mit Ziegelmauerwerk, hölzernem Dachstuhl und Dachpfannen aus Ton errichtet. Die Frontfassaden sind in der gleichen Weise mit Klinkern dunkel verblendet. Jedoch stehen diese bescheidenen, in ihrer ganzen Konstruktion kreuzbraven Häuschen wider Erwarten nicht in Reihen oder Blöcken, sondern sie bilden, Schulter an Schulter, eine steinerne Spirale, als hätte sich ein urzeitlicher Riesenwurm in einem letzten Starrkrampf aufgerollt und diese in sich kreisende Verhärtung hinterlassen.

Die vorderen und die hinteren Giebelfenster dieser Häuser sind gleichschenklige Dreiecke, so groß, daß sie die Dachböden bei Tage gut erhellen. Und auch in einer klaren Vollmondnacht wie heut müssen wir zwei nur abwarten, bis unser milchig marmorierter Himmelskörper im richtigen Winkel über der Siedlung steht, und schon durchflutet festliches Licht das Dachgeschoß unseres Reihenhäuschens. Jetzt, wo der Mond noch dorthin steigt, ziehen wir das erste Stück unseres Aufstiegs in die Länge. Auf jeder Treppenstufe machen wir ein stummes Weilchen halt. Dann hebst du wieder deinen silbernen Schuh. Ich sehe mit Verlegenheit, mit noch verhaltenem Genuß, wie du den Fuß dicht vor dem abgewetzten Holz der nächsten Stufe in der Schwebe hältst. Ich sehe, wie sich durch dieses raffinierte, äußerst künstliche Verharren unter dem transparenten Weiß der Strumpfhose die größte Außenader deines Rists mit rückgestautem Blut zu füllen beginnt und bläulich durch das Strumpfgewebe schimmert.

Den Kindern ist der Zutritt zum Dachboden verboten. Jedoch, da wir und mit uns unsere Verbote in der Fron des Familienglückes mürbe und anfechtbar geworden sind, bedarf es eines monumentalen Vorhängeschlosses, um dieses Zutrittsverbot nicht lächerlicher Wirkungslosigkeit verfallen zu lassen. Unsere Kleinen, selbst die Kleinste, wären auch pfiffig und mutig genug, sich den dazugehörigen Schlüssel vom Schlüsselbrett zu pflücken oder aus einem Schubladenversteck zu holen; deshalb hängt mir der Schlüssel zum Dachboden seit Jahr und Tag an einem Kettchen unter Hemd und Unterhemd auf nackter Brust. Manchmal ringelt sich eines der krausen Körperhärchen, die mir im Lauf der Ehe immer dichter aus der Brusthaut sprießen, um eine Schlüsselzacke, dann rupft es unterm Hemd, und diese Andeutung von Schmerz macht mich im öden Treiben des Büros oder im Stau der Heimfahrt an unsere Vollmondnächte denken.

Die Siedlung Todtenweis steht unter Denkmalschutz. Nicht wenige unserer Nachbarn wurden im letzten Jahr von der städtischen Bauaufsicht gezwungen, Veränderungen an der Außenansicht und im Inneren ihrer Heimstätten ins Original zurückzubauen. Der neue Bauamtsleiter, ein kunsthistorisch gutgeschulter und prinzipienstrenger Mann, besichtigte höchstpersönlich jedes Haus der Siedlung. Kein zusätzliches Dachlükchen, keine verschönernde Verkleidung mit Kunststoffschindeln, kein falscher Dachziegel entgingen ihm und seiner Liste unerlaubter baulicher Veränderungen. Wir beide, die wir nichts verändert hatten, zitterten dennoch dieser amtlichen Besichtigung unseres Dachbodens entgegen. Uns war, als dränge nach all den sorgsam beschützten Jahren doch noch das kalte allgemeine Auge in den Schonraum unserer Ehe ein. Aber die Furcht war unbegründet. Den strengen Fachmann interessierte nicht, was wir, mit alten Decken lückenlos verhängt, dort oben stehen hatten. Er starrte lang und gründlich in die Verzahnung des Gebälks, in jeden Mauer- und Fensterwinkel und konnte keinerlei Willkür, keinerlei Auswirkungen unseres Dranges nach Privatheit finden.

Den Aufstieg in den Dachboden hinauszudehnen ist eine Vorlust, der wir beide ausnahmslos bis an die Grenze der Ermattung frönen. Der Tag, den wir mit dem Zubettbringen der Kinder abgeschlossen haben, hat uns so gründlich abgenutzt, daß wir, den Kopf voll überhängender Erledigungsgedanken, getrennt gequält von unseren jeweiligen Rückenschmerzen, das erste Drittel unserer Stiege in einem grauen Rausch, in einer wahren Alltagstrance erklimmen. Aber danach, am ersten Zwischenpfosten des Geländers, werfen wir alle Trübnis und Benommenheit mit unseren Kleidern ab. Blicke ich nach dem Abstreifen der Unterwäsche auf die einzig an mir verbliebenen Socken, dann baumelt mir der Schlüssel so scharf umrissen und verlockend vor der Brust, als wäre ich mit einem Schlag von aller Müdigkeit genesen. Du hast in kluger Vorbereitung bereits im Lauf des Nachmittags unter den Alltagsrock die weiße Spitzenstrumpfhose gezogen, bist unten an der Treppe in die silbernen Schuh geschlüpft, die dir noch immer ohne Drücken passen. Mir ist im Lauf der Ehe- und der Arbeitsjahre der linke Fuß so deutlich in die Breite abgesunken, daß ich die schwarzen, von dir frischeingecremten Slipper, gegen den nackten Bauch gepreßt, nach oben trage. Erst dort, im Festraum, wo mir das Mondlicht ihr Leder wie damals glänzen macht, ziehe ich diese Schuhe an, dort bin ich dann so hochgestimmt, daß ich das Drücken am Ballen des linken kleinen Zehs wie einen zarten Seitentrieb der großen Lust verspüren und genießen werde.

Der Ankauf unseres Häuschens hatte den finanziellen Spielraum unserer jungen Ehe ein Stück ins Allzukühne überschritten. Die Siedlung Todtenweis war damals schon als attraktiver Wohnstandort entdeckt. Für allerlei betuchtes Volk galt es als schick, dorthin zu ziehen. Und viele dieser Neubesitzer schreckten nicht davor zurück, die angekauften Häuser ohne Genehmigung vollständig zu entkernen, um dann in blendendweißen Studios oder Ateliers hinter der alten dunklen Backsteinfront zu hausen. Uns drückt bis heute ein Kredit. Für unsere süßen Kinder müssen wir draußen in der Welt sündteuer zahlen. Meine mit Schwung begonnene Karriere hat sich in einem wenig zukunftsträchtigen Bereich der Firma festgelaufen. Dir macht der Haushaltstrott die Nägel brüchig. Aber für heute, für die Vollmondnacht, hast du dir künstliche Nagelspitzen aufgeklebt. Du nimmst dafür einen besonders haltfesten Sekundenkleber und legst jeweils gleich zwei der falschen Nägel aufeinander. Das hilft. Die pfeilförmigen, leichtgekrümmten, schwarzlackierten Spitzen werden uns heute nacht erst spät, erst ganz zuletzt zersplittern.

Das Pathos unseres Aufwärtsschreitens wird hier im Mittelstück der Treppe von steifer Betulichkeit getragen. Obwohl ich bis auf Socken, Schlüssel und die von meiner linken Hand getragenen Schuhe nackt bin, obschon dir der zu enge Strumpfhosengummi deutlich in das bloße Bäuchlein schneidet, heben wir unsere Knie so feierlich und formbewußt, als gelte es, den Ansprüchen scharfäugiger Zeremonienrichter zu genügen. Ein alter Freund, das letzte personelle Überbleibsel meiner Studienzeit, dereinst mein Trauzeuge und heute mein Kollege, meinte vor kurzem, er kenne kein zweites Paar, das seine Ehe und die Aufzucht seiner Kinder so nüchtern, so ohne jede Klage und ohne jede schrille Jubelspitze, über die Bühne des gesellschaftlichen Umgangs brächte. Er sprach von uns als idealen Generälen, die alle Katastrophen dieses Krieges mit der Welt wie die Routine von Manövern überständen. So spricht die herzlich blinde Freundessicht. So spricht die Torheit eines Junggesellen. Ich lächle jetzt darüber und hebe meine Nase noch ein paar stolze Grade höher. Wie immer, wenn das letzte Treppendrittel naht, schärft sich urplötzlich mein Geruchsempfinden. Die Parfümierung deines Haarsprays, das deine Festfrisur zwei Handbreit über Alltagshöhe hält, sticht mir in beide Nasenlöcher und macht mich, wie es sein muß, schwindeln.

Architekt Todtenweis sah die Bewohner seiner Mustersiedlung in zeitgebundener Verquickung als bienenbrave Nachbarn und als autarke Eigenbrötler. Die Gärten im Inneren der Hausspirale wurden durch schulterhohe Mäuerchen säuberlich voneinander separiert. Ein jeder Gartenstreifen schloß mit einem eigenen Gewächshäuslein und einem eigenen Stall für die Kaninchen. Andererseits waren die Urbewohner unserer Siedlung durch eine Ortsgruppe des Reichsreformkostbundes und einen eigenen Kleintierzuchtverein zum Kollektiv organisiert gewesen. Wir beide und zwei andere Ehepaare gründeten bald nach unserem Einzug einen Elternverein zur Renovierung des alten, völlig von Unkraut überwachsenen Spielplatzes der Siedlung. Unsere Kleinste klettert heute in der Spielburg, deren Palisaden wir damals eigenhändig im frischen Sand versenkten. Wie immer werden wir auch heute nacht den höchsten Kletterturm vom hinteren Fenster unseres Festraums aus über die Hagebuttensträucher unseres Gartens ragen sehen. Wir lieben es, in einer der Pausen, die sich zwangsläufig aus dem Festverlauf ergeben, an dieses Fensterkreuz gelehnt zu stehen. In Sommervollmondnächten, wenn das Dach die Hitze des Tages speichert, läuft mir der Schweiß in Bächen über Stirn und Schläfen. Der Dachstuhl riecht nach frischem Harz. Und du leckst mir den einen oder anderen Schweißtropfen aus meinen Augenbrauen.

Das letzte Treppenviertel verführt mich jetzt, ärger als je zuvor, zu Hast. Für mich gilt nicht, daß mit dem Fortschreiten des Lebensalters auch Festtage gelassener begangen werden. Im Gegenteil: Seit unserem Hochzeitstag ist meine Aufgeregtheit von Monat zu Monat um winzige Quentchen an Fiebrigkeit gewachsen. Und dieses Schwellen der Erregung scheint mir mit einer zarten, aber unbezweifelbaren Zunahme der Treppensteigung äquivalent verkoppelt. Am Ende unserer Zeit, wenn wir die Treppe in einer letzten Vollmondnacht bezwingen, müßte der Stiegensteigungswinkel so nahe an die Senkrechte herangewachsen sein, daß wir uns nicht mehr bei den Händen halten können, weil wir die maßlos steilgewordenen Stufen auf allen vieren erklimmen müssen, die Fingernägel in das ausgetretene Holz gekrallt. Aber bis dahin ist noch Zeit; noch wahren wir die ungefähre Form des ersten Aufstiegs. Aufrecht stehen wir vor der erreichten Tür. Du drehst das ungetüme Schloß nach oben. Ich neige mich ein wenig vor und kann den Schlüssel einführen, ohne das Schlüsselkettchen über den mit Frisiercreme säuberlich fixierten Scheitel zerren zu müssen.

Das kleine Denkmal, das unsere Stadtverwaltung erst vor fünf Jahren im Schneckeninneren der Siedlung errichtet hatte und seitdem jährlich am Todestag des Architekten mit einem Kränzchen schmücken läßt, wurde in diesem Sommer zweimal geschändet. Die Täter übergossen die Bronzebüste des Reformbaumeisters mit roter Farbe und pinselten ein unflätiges Wort unter den Namen und die Lebensdaten auf den Denkmalssockel. Dies Wort, das den Verstorbenen schmäht, ist so bösartig gegen unser aller Gutmeinen gerichtet, daß unsere Regionalzeitung vermied, es zu zitieren. Sogar unser ansonsten nach allen Unanständigkeiten lüsternes Lokalfernsehen zeigte allein die rotbegossene Bronzebüste und sparte das im selben Rot geschmierte Schimpfwort aus allen Bildern aus. Vorigen Monat, nach dem zweiten Anschlag, wurde das Denkmal mit einem Schutzgitter umgeben, und starke Halogenscheinwerfer leuchten seitdem bei Nacht den Schädel und die Todtenweissche Brust bis auf den letzten Schatten aus. Die Tür zum Dachboden ist offen. Mondlicht strömt auf uns zu. Ich hänge das schwere Schloß nach innen, um unseren Festraum nun von der anderen Seite gegen Störungen zu sichern.

Die Denkmalsschändung bezieht sich durch das dabei gebrauchte Schimpfwort auf ein Gerücht, auf eine sich im Dunstkreis unserer Siedlung seit über sechzig Jahren mündlich erneuernde Geschichte. Auch wir haben, kaum eingezogen, von unserer alten Nachbarin die abgeschliffene Mär als zweideutige Neuigkeit erzählt bekommen. Dereinst, zwischen den beiden großen Kriegen, habe sich Todtenweis aus Afrika von einer Reise an die Südspitze des Kontinents ein Waisenkind nach Hause mitgebracht. Der Knabe, angeblich vom sogenannten Volk der Hottentotten, habe dem Architekten dann als eine Art von Hausboy in der Todtenweisschen Villa draußen vor der Stadt gedient. Dort draußen pflegte der Architekt sein legendäres Sommervollmondfest zu feiern. Varietéstars, schmelzkehlige Sänger, verruchte Ausdruckstänzerinnen, ganze Theatergruppen ließ Todtenweis dazu aus der Hauptstadt des damaligen Reichs und sogar aus dem Ausland kommen. Beim letzten Fest, so sagt es das Gerücht, sei eine Liliputaner-Zirkustruppe mit einem kleinen Zeppelin im Todtenweisschen Park gelandet. Die große Wiese war mit tausend Fackeln taghell ausgeleuchtet. Es war nicht dieser Auftritt der bereits als biologisch minderwertig eingestuften kleinwüchsigen Künstler, mit dem sich der hochangesehene und einflußreiche Architekt die Gunst des anwesenden Gauleiters verscherzte. Es war der mehrfach zur Anzeige gebrachte Vorwurf von sogenannter Rassenschande mit dem zum Jüngling herangewachsenen angeblichen Hottentotten, der Todtenweis bei Nacht und Nebel über die Grenze fliehen ließ. Den ganzen, bald danach begonnenen Krieg mußte der heimatverbundene Reformbaumeister am Genfer See verbringen. Und alle sechs Jahre des bitteren Exiles in der Schweiz verblieb der treue Hausboy an der Todtenweisschen Seite. Auch auf dem letzten Vollmondfest waren die beiden vor allen Gästen als ein Paar erschienen: Der Architekt im selbstentworfenen weißen Frack, der Afrikaner in einem langen, kühn rückendekolletierten Abendkleid aus schwarzer Spitze.

Die Tafel, die unseren Dachboden fast in gesamter Länge durchläuft und in zwei Hälften teilt, war Schauplatz unseres großen Hochzeitsessens. Sie war am Tage unserer Verheiratung im Garten aufgebaut. Fünf große, alte Küchentische sind an den Beinen so verschraubt, daß sie auch stärkere Erschütterungen nicht auseinanderdriften lassen. Es klafft kein Spalt. Zudem geht über alle Platten eine einzige Bahn aus dickem Filz, die die verbleibenden Kantensprünge zwischen den Tischen selbst für einen äußerst sensiblen Rücken unspürbar macht. Auf Stühle rechts und links der Tafel haben wir beide nach gründlichem Überlegen, wie auf manches andere, verzichtet. Die Phantasie, die für die Gäste sorgt, kann auch die Einbildung der Stühle übernehmen. Allein die kleine, dreitrittige Haushaltsleiter ist vonnöten. Auf deinen klugen Wunsch habe ich unseren Hochzeitstisch, das ganze lange Tafelviereck, mit hochwertigem Stacheldraht umzäunt. Jetzt hebst du deinen Silberschuh mit graziöser Vorsicht über die scharfkantigen Stachelspitzen.

Bereits im ersten Nachkriegssommer kehrte Architekt

Todtenweis nach Deutschland heim. Die letzte Urbewohnerin unserer Siedlung, unsere Nachbarin zur rechten Hand, hat dir und mir erzählt, wie sie das schwere, ihr aus der Vorkriegszeit noch gut bekannte Cabriolet in den gekrümmten Zufahrtsweg der Siedlung einfahren sah. Architekt Todtenweis habe sein Werk vom Kriege unbeschädigt vorgefunden. Keines der siebenundzwanzig Häuschen hatte bei den Luftangriffen auf die Stadt auch nur ein Fensterglas verloren. In die Dachböden waren Flüchtlinge eingezogen, und jeder Garten wurde bis auf das letzte Eckchen als Kartoffelacker ausgenutzt. Vor Alten, Frauen, Kindern sei Todtenweis auf dem damals noch leeren Platz im Schneckeninneren der Siedlung auf die Motorhaube seines Automobils geklettert. Sein schwarzer Gefährte half ihm hoch und stützte seinen Stand. Mit sachlichem, aber im Unterschwange warmem Ton begann der Heimgekehrte eine kleine Rede, versprach den Siedlern Hilfe verschiedener Art, hatte gerade seine guten Kontakte zu den Besatzungsbehörden angedeutet, als eine Unverbesserliche, angeblich eine kinderlose Kriegerwitwe, über die Köpfe der Versammelten hinweg ein unsittliches Schimpfwort rief. Unserer Nachbarin schossen die Tränen in die Augen, als sie uns Neusiedlern erzählen mußte, mit welch gemeinem Ausdruck der Architekt damals gerufen worden sei.

Wir beide zweifeln nicht daran, daß unsere rührselige Nachbarin, die übers ganze Jahr hinweg für Blumenschmuck am Denkmal sorgt, damals die von ihr heute denunzierte Ruferin gewesen ist. Wir raten unseren Kindern, ihr möglichst nichts von unserem Familienleben zu erzählen. Aber die Alte sitzt den ganzen Tag am Fenster oder lauert im Garten auf eines unserer Lebenszeichen. Im Sommer überhäuft sie uns mit ihrem selbstgezogenen Gemüse, unheimlich groß und ohne jeden Schneckenfraß, bringt uns in jedem Herbst zwei schwere, von ihrer Hand erschlagene und abgezogene Stallkaninchen. So bleibt sie gegenwärtig. Auch jetzt, wo wir im schönsten Mondlicht über die Tischdecke, über den jeden Laut schluckenden Filz der Tafel schreiten, muß ich die Angstvision ertragen, daß unsere Nachbarin, Ursiedlerin und kinderlose Kriegerwitwe, drüben in ihrem Dachboden das Ohr ans doppeltgeziegelte, aber vielleicht doch schwingungsträchtige Gemäuer legt. Du seufzt – gewiß denkst du das gleiche – und schiebst dir vorsichtig das auf dem Tisch bereitgelegte Kränzlein übers Haar. Du hast es heute morgen frisch geflochten, aus unserem unerschöpflich großen Vorrat an zu einer Art von Heu gewordenen Hochzeitsblumen.

Architekt Todtenweis war, ungeachtet der erlittenen Schmähung, entschlossen, an die Stätten seines Wirkens heimzukehren. Die Siedlung habe ihm, so sagt man heute, im Schweizer Exil wie ein besonders liebes Kind gefehlt. Jedoch, erneut am Genfer See, wurde er mitten in der Umzugsvorbereitung von einem damals noch mysteriösen Virus, das sich aus Langmut oder Tücke Zeit mit dem Beginn seiner Vermehrung läßt, aufs Bett geworfen und so rapid geschwächt, daß die geplante Heimkehr für immer unterblieb. Mit dem Versterben des Reformbaumeisters verendet die Erzählung des Gerüchts; von jenem schwarzen Lebenszeitbegleiter ist im Gerede unserer Nachbarn kein Weiterleben und kein Tod berichtet. Wir sinken in die Knie. Der Stacheldraht, der unser Festtagslager in enggespannten Reihen und mit vielen Doppelspitzen schützt, ist nicht nur doppelt verzinkt, sondern noch zusätzlich vernickelt. Im Mondlicht, das wie Milch durchs Fenster fließt, besteht der hochwertige Nutzdraht den Vergleich mit bestem Tafelsilber. Veredelt schimmern auch die Laken. Ihr Weiß werden wir beide, wie es das Fest verlangt, mit Schweiß, mit fettiger Frisiercreme, mit Speichel, mit Lippenstift und mit dem Schwarz der Schuhcreme zu entweihen wissen.

Die Schmähschrift auf dem Todtenweisschen Denkmalsokkel wurde mit Lösungsmitteln und mit einem Hochdruckreiniger gründlich entfernt, aber es blieb doch eine feine Farbspur in den Poren des Granits, und wenn das Licht ungünstig auf das Denkmal fällt, können alle, die lesen können, das Schimpfwort ohne große Müh entziffern. Selbst unsere Kleinste, die das Buchstabieren erst nächstes Jahr erlernen wird, hat schon davon gehört und dieses Wort in das bescheidene Arsenal ihrer Beschimpfungsmöglichkeiten aufgenommen. Vielleicht sind Mann und Frau als Eltern niemals streng genug. Oder es fehlt im rechten Augenblick die Kraft, die Eheleute brauchen, um einen Bannkreis um ein Wort der Welt zu ziehen. Schon hören wir die nackten Füßchen auf der Treppe trippeln. Sie kommen alle drei. Es ist soweit. Es ist soweit gekommen: Sie haben uns ertappt. Unsere süßen Biester trommeln mit sechs Händen an die Tür. Schnell finden sie in einen Takt. Das Mondlicht selbst zuckt unter ihrem starken Schlag zusammen. Wir fallen voneinander. Wir lauschen, jeder für sich, dem ungeheuren Getrommel. Wir lauschen dem lieblichen Geschrei unserer Kinder. Sie rufen uns. Sie schmähen uns, weil sie uns lieben, weil sie uns nie entbehren wollen. Sie schmähen uns und krähen dazu jenes jüngst erlernte alte Schimpfwort. Sie schreien: Hottentottenficker! Sie krähen im Chor: Ihr Hottentottenficker! Weil sie, auch ohne die hergekommene Bedeutung dieses Wortes zu verstehen, den hohen Sinn unseres Vollmondfestes biestig richtig deuten.

Carmen-Francesca Banciu

Rosen für Domingo

Domingo war unser Hund.

Meine Mutter sagt: Was immer man mit diesem Satz anfängt, ist zum Bestseller verdammt.

Dieser Satz gibt meiner Geschichte einen Ton, den ich nicht beabsichtigt habe. Trotzdem will ich auf den Satz nicht verzichten.

Ich muß wiederholen. Domingo war unser Hund. Und die ganze Familie war stolz auf ihn. Nur was ich hier erzählen möchte, ist gar nicht die Geschichte von Domingo. Er kommt nur zufällig vor, als erstes Kind meiner Eltern. Domingo wurde an einem Frühsonntagmorgen gefunden, als meine Mutter, noch schlaftrunken aus dem Fenster guckend, vom benachbarten Park her zwei verlassene kleine Hunde hatte jaulen hören. Einen weißen und einen schwarzen. Hol mir den Weißen, sagte sie und rüttelte meinen noch zukünftigen, noch schlafenden Vater. Heutzutage hätte er geknurrt. Hätte sie, die Zähne fletschend, beiseite geschoben: Hat man denn deinetwegen nicht einmal den Sonntag verdient, du Weib!

Meine Mutter wäre wie eine Perlenmuschel zusammengezuckt. Sie hätte sich auf die andere Seite gedreht. Entfernt. Weit entfernt von ihm. Hätte sich zusammengerollt, um über ihren Kummer, ihre Schwermut zu brüten. Aber Sie kennen meine Mutter nicht. Sie hätte auch vieles andere machen können. Denn sie ist unberechenbar. Vielfältig.

Genausogut hätte sie aufstehen, über den Drahtzaun klettern und sich den kleinen Hund holen können. Oder sogar beide. Hätte sie ins Haus gebracht und gesagt: Ab heute ist unsere Familie größer geworden. Also, rechnet mit etwas weniger beim Mittagessen.

Wir Kinder hätten das gerne geschluckt. Mein Vater aber

nicht. Er hätte mit der Faust auf den Tisch gehauen. Hätte etwas von: verflucht! gesagt. Und von: Jetzt reicht es mit der Weiber-Diktatur!

Ganz so wäre es aber auch nicht gewesen. Oder nicht nur so. Er hätte sein kleines Stück Fleisch dem Hund heimlich unter den Tisch geschoben. Hätte uns zugezwinkert: Was Mutter tut, ist immer gut. Gerade das geht mir auf den Wecker.

Aber all das hätte erst viel später passieren können, denn damals gab es uns noch nicht.

Es wäre auch möglich gewesen, Mutter hätte die Hunde geholt und den Mann rausgeschmissen. Für immer und ewig. Und es wäre kein Verlust gewesen, hätte sie später gesagt.

Kein Verlust. Als wäre die Welt gleich geblieben, wenn es uns nicht gäbe. Als wäre die Mutter selbst die gleiche geworden. Als wäre irgend etwas so geworden, wie es heute ist.

Zum Glück bedankt sich Mutter immer wieder, daß es so gekommen ist. Sie freut sich, daß es uns gibt. Denn ohne uns, meint sie, hätte sie einiges nicht überlebt. Ausgehalten.

Das sagt sie immer wieder, wenn meine kleine Schwester fragt: Mama, hättest du nicht ihn geheiratet, sondern einen anderen, würde es uns gar nicht geben, nicht wahr? Euch nicht. Aber jemand anderen.

Und ihn, Mama, ihn hättest du genauso geliebt?

Mutter weiß nur, daß man lieben muß. Das man jeden anders liebt. Gleich stark. Aber anders. Mutter ist zerrissen zwischen all dem, was sie liebt. Denn vieles ist widersprüchlich. Und vieles gleichzeitig.

Ich kenne Mutter gar nicht.

In meiner ersten Erinnerung an sie war ich drei Jahre alt. Mutter war schwanger. Wir besuchten sie bei der Arbeit. Setzt euch, sagte sie. Ich hol uns was zu essen. Mein Vater guckte ihr nach, wie sie im Tanzschritt verschwand. Damals konnte Mutter noch tanzen. Vaters Augen waren ganz klein geworden. Sein Blick. Er schmolz. Er schmolz ihr nach. Als hätte er sich von ihr nicht trennen können. Als hätte ihre Gestalt und das alles drumherum eine Anziehungskraft besessen, um seinen Blick festzuhalten. Als wären sie eins gewesen.

Sie ging weg mit seinem Blick, und als sie zurückkehrte, sah ich, wie mein Vater seinen Blick zurückbekam. Da sah ich vor mir eine Frau. Und das war meine Mutter.

Es war an einem Sonntag. Domingo, sagte mein Vater. Ob alles Wichtige bei uns in der Familie sich am Sonntag abspielte? Ich war drei und saß auf dem Schoß meines Vaters. Sie kam zurück. Noch immer im gleichen Tanzschritt. Eine Frau mit einem großen Mund. Mit Lippen, die ich kannte. Fleischig. Wie eine Frucht. Mit hängenden Mundwinkeln. Und hier fing schon der Widerspruch an. Eine Frau mit einem langen Hals. Mit leuchtenden Augen, die die Mundwinkel nach oben zwingen konnten. So daß plötzlich alles leuchtete und man sich von diesem Licht eingehüllt und von Wärme durchdrungen fühlte.

Die Frau hatte große, kräftige Hände. Und wenn man sich das vorstellen kann, gleichzeitig waren sie zierlich und traurig. Sie trug einen roten Kimono, aus dessen Ärmel sie uns zwei Äpfel, eine Tüte Erdnüsse, das Besteck, die Brötchen, eine Senftüte herauszauberte. Unterm Arm trug sie eine Wasserflasche. Die Teller mit der Wurst und die Gläser in der Hand. Im Mund – in einer Serviette eingewickelte Strohhalme.

Den Kaffee habe ich nicht mehr geschafft, sagte sie, sobald der Mund zum Sprechen frei war, und küßte mich dabei feucht und kräftig auf beide Wangen. Ich sprang von Vaters Schoß runter und hängte mich an ihr langes Gewand. Umarmte ihre Beine.

Wir aßen, und Mutter brachte den Kaffee. Sie mußte immer schneller essen als wir. Dann fing Vater wieder an mit dem Rauchen.

Könntest du nicht bitte! Aber Vater konnte nicht. Sein Blick fiel auf den Boden und zerbrach. Plötzlich sprang Vater auf und packte mich an der Hand. Ich riß mich los. Die Mundwinkel fielen. Die Lippen erloschen. Ein Sonntag wie jeder andere. Und das erinnert mich wieder an Domingo.

Den Tag, als er zu uns kam, kann ich beschreiben. Ich weiß, wie es war. Ich kann meine Erinnerungen erweitern in eine Zeit, als es mich noch nicht gab. An eine Zeit, als Mutters Mundwinkel erst eine leise Andeutung von ihrer Zukunft gaben. Immer war ich allein, sagt Mutter. Ich kann sie hören, wie sie das sagt. Deswegen, sagt sie. Deswegen habe ich mir das Rauchen angewöhnt. So waren wir zwei. Der Rauch und ich. Nur hat es mir nicht gefallen. Und heute kann ich Rauch überhaupt nicht mehr ertragen. Es war an einem Sonntagmorgen – stelle ich mir vor, Mutter sagen zu hören –, wir saßen beim

Frühstück auf dem Boden. Ein paar gesprungene Tassen ohne Henkel in der *Merde*-Mansarde. Jeder von uns hatte sein eigenes Zimmer. Sonntags versammelten wir uns im größten Raum, um zu frühstücken. Ich war gewohnt, für mich alleine zu sorgen. Nichts von den andern zu erwarten. Mein Vater pflegte zu sagen: Maria-Maria, stell dich nicht an und mach nicht so viel Faxen. Du kannst alles, wenn du es nur willst! Meine Mutter pflegte zu sagen: Eine Frau darf nicht abhängig sein. Und empfindlich auf keinen Fall. Dann wird sie nur ausgenützt. Eigentlich vieles darf eine Frau nicht, meinte meine Mutter, daß ihre Mutter gemeint hätte. Und um Gottes Willen. Zeige nie, daß du ihn liebst.

Sonntagmorgens hatten wir alle Zeit. Ansonsten war viel los mit Arbeit und Uni. Mit dem Leben. Der Sonntag wirkte außerhalb der Reihe. Als würde an diesem Tag das Leben ausfallen. Ausgeschaltet sein. Oder man würde ein ganz anderes Leben leben. Als spielte an diesem Tag das Leben sich ab in einer anderen Dimension. Als hätte es eine andere Dimension. Würde sich dehnen, als Ausgleich für die Erschöpfung nach den vielen vergehenden Tagen. Man frühstückte im Pyjama, mit zotteligen Haaren. Ungewaschen. Der Morgen war unendlich. Der Tag floß mit einer angenehmen Schlampigkeit. Und sein Treiben berauschte uns. Man fühlte sich so angenehm müde und ausgelaugt, und gleichzeitig strömte frische Kraft in uns. Und so habe ich mich auch gefühlt: ausgelaugt. Mit einem großen Bedürfnis, mich auszustrecken. Aus meiner Haut herauszustrecken. Wir hörten Max Bruch. Unglück und Trauer verwandelten sich. Liebe und Glück waren erreichbar. Wir sammelten uns beim Frühstück, um sie zu finden. Zu schenken. Selbständigkeit und Zugehörigkeit gehörten zusammen.

Mendelssohn war auch nicht anders. Auf den hörten wir auch. Der wollte uns bestätigen, daß es Glück gab, auch wenn man dafür kämpfen mußte. Lange suchen mußte.

Befreien. Fliegen. Fließen. Ineinanderfließen.

Einswerden.

Menschen sind schön.

Manche Menschen sind schön.

Nein. Das ist etwas anderes.

Menschen sind. Weil schön. Weil.

Wir hörten nicht nur Mendelssohn. Manchmal ging es recht schwindlig zu. Man spürte die Musik aus den Ohren in den Kopf dringen. Durch den Hals ins Herz rutschen. Und sich von dort verbreiten. Weiterziehen. Durch Venen und Adern. In den Magen. Ein Kribbeln. Eine Wärme. Bis in die Eierstöcke. Na, gut! Magst du lachen – pfeif drauf!

Mich ganz fallen zu lassen ist mir nie gelungen – glaube ich Mutter gehört zu haben. – Eine gewisse Angst. Ein Gefühl der Lächerlichkeit. Le sense du ridicule! Habe ich nie verlieren können. Üben. Üben. Damit erreicht man die Selbständigkeit. Eine andere, als es mir beigebracht wurde. Eine, die Kraft gibt, ins Unendliche zu strömen. Ein Teil davon zu werden und gleichzeitig sich selbst zu spüren. Ich übe weiter.

Menschen sind liebenswert. Sonntagmorgens schien es uns immer so. Man mußte dauernd seufzen, damit man mehr Platz in seinem Herzen macht. Damit die Klänge. Die Schönheit. Die Liebe sich besser verbreiten können. Um Grenzen niederzuschmelzen! Ob man das so sagen kann?

Man kann alles. Bloß man soll nicht.

Nicht immer waren die Sonntage voller Sonne. Die Musik. Die innere Musik. Die Sehnsucht. Die Müdigkeit. Das Sichgehen-Lassen. Das Zergehen war immer da.

Manchmal zitterten die Violinen. Man konnte eine Träne ahnen. Sie blieb an den Wimpern haften. Vom Morgenlicht aufgespießt. Durch sie sah man einen Regenbogen. Manchmal schämte ich mich für die Grenzenlosigkeit meiner Empfindungen. Meiner Gefühle.

Ich kann mir Mutter gut vorstellen in der kleinen Mansarde. Ihre Art, im Schneidersitz auf dem Boden zu sitzen, die Scheibe Brot in der Hand hebend und kauend. In die Luft guckend. Zarte Geräusche einatmend. Sie vermehrt, verstärkt, vibrierend ausatmend. Ein Seufzen. So muß er sie das erstemal gesehen haben.

Wir aßen auf dem Boden. Er hatte mir Tee eingeschenkt. Er holte sich den einzigen Teelöffel, den es gab, um mir den Zukker umzurühren. Ich war gewohnt, alles selbst zu machen. Es gab Holundertee, und er duftete.

Eine Fliege in einem Honigtopf. Nein. Wer Mutter besser kennt, weiß, daß sie solche harmlosen Vergleiche nicht gemacht hätte. Daß sie mit sich selbst auch schroff umgehen konnte.

Mutter weiß, daß Liebe ein flüchtiges Wesen ist. Sie sucht es selbst. Alles ist in Bewegung in der Natur. Die Liebe auch. Mal ist sie da. Mal ist sie weg. Mal spürt man sie in der Luft. Man atmet sie ein und weiß nicht so genau, wem sie gehört. Wem man sie schenken soll. Und ein andermal weiß man gar nicht, daß sie gekommen ist, und lebt nur blöd vor sich hin.

Manchmal denkt Mutter, die Liebe war schon da, sie hat sich ausgelebt. Mal sagt sie, die Liebe wird schon kommen. Und immer wenn sie Richtung Zukunft schaut und von ihr noch was erwartet, werden ihre Mundwinkel von einer mysteriösen Macht hochgezogen, und ein kleiner rötlicher Schimmer färbt ihre Wangen.

Manchmal begegnet Mutters Liebe der eines Unbekannten. Es ist wie ein leichtes Flügelflattern. Ein Duft. Ein Schmetterling. Mutter selbst hat es nicht gemerkt. Die Liebe ist nicht beschreibbar. Sie ist nicht festzuhalten. Dagegen sagt Vater, Liebe sei etwas Standhaftes. Für immer und ewig. Mutter ist genervt. Schmeißt die Tür. Und schmeißt mit Gegenständen. Das habe mehr mit Besitz zu tun, sagt sie. Und besitzgierig sei sie noch nie gewesen. Und noch weniger möge sie, in Besitz genommen zu werden. Vater sagt, man müsse unterscheiden zwischen Lieben und Verliebtsein. Dann, sagt Mutter, liebe ich die ganze Welt, und ab und zu bin ich verliebt.

Nein. Das sagt Mutter nicht. Das stelle ich mir nur vor. Weil das so zu ihr passen würde. Mutter hat so lichtvolle Augen. So breit. So offen, die ganze Welt würde Platz darin finden. Manchmal werden Mutters Augen wie ein Messer, das tiefe Wunden einkerbt. Dann weint sie und möchte alles wegwischen. Sie weiß, das Wunden Narben hinterlassen. Die tiefsten bei ihr in ihrem Herzen. Nein, sagt sie. Alles kann man heilen. Wenn man es nur will. Wenn man nur vergeben kann.

Mutter will uns das Vergeben beibringen und das Heilen der Wunden. Mutter würde uns am liebsten alles beibringen, bevor wir überhaupt verwundet werden. Einen Abwehrmechanismus. Sie ist so sehr beschäftigt, uns alles mögliche beizubringen, daß sie ständig bei sich etwas heilen muß. Ich werde alles lernen, sagt sie. Seitdem es mit dem Üben und Lernen so geht, heben sich Mutters Mundwinkel immer öfter.

Mutter lernt im Gehen, im Stehen, im Schlafen.

Einmal, sagt sie, war ich in einem Dorf. Ganz weit entfernt von der Stadt. Tief in den Bergen verloren. Stein und etwas mickriges Gras wuchsen da. Kaum was zu essen. Und während man zu Fuß in die weite Stadt ging, verging die Zeit so schnell, daß die Frauen des Dorfes das Bedürfnis hatten, sie festzuhalten mit der Stricknadel. Vom Dorf aus bis in die Stadt strickten sie schon mal eine Socke oder einen Pulloverärmel. Dann standen sie Schlange, um Lebensmittel, Glühbirnen und Nähfaden zu kaufen. Die Zeit verging weiter. Bis sie zurück nach Hause kamen, war der Pullover fertig, und sie wußten gar nicht, ob sie es nicht vielleicht geträumt hätten, in der Stadt gewesen zu sein.

Ich bin ein Stein, sagt Mutter. Ein Stein, und mancher tritt darauf. Und mancher hebt ihn ans Licht und bewahrt ihn auf. Ich bin ein Stein, und ich weiß es.

Ein Stein ist ein Stein ist ein Stein.

Ich leuchte.

Mutter sagt das nicht selbst. Es ist nur meine erweiterte Erinnerung. Ich maße mir an zu glauben, daß sie es gesagt hätte. Daß sie das irgendwann einmal gesagt hätte. Um die Zeit, als Domingo zu uns ins Haus kam. Als erstes Kind der Familie. Denn Mutter betrachtet alle Geschöpfe als ihre Kinder. Sie meint für jeden etwas tun zu müssen. Vater meint, damit er was tun könne, müsse für ihn etwas getan werden.

Manchmal hängt Mutter das Tun zum Hals raus. Die Tage in der Mansarde. Das Zuckerrühren in der Teetasse. Das Entgegenkommen. All das sieht Mutter vor ihren Augen. Sieht es mit anderen Augen. Beißt sich die Blüte der Lippen zu Blute.

Verblüht und vergänglich die Lippen. Und der Wunsch, sie zu berühren.

Vergänglich der schlampige Morgen. Das Frühstücken.

Mutter ist trotzdem nicht kleinzukriegen. Alles ist ewig. Nur in ständiger Bewegung. Verwandlung.

Mutter wandelt, verwandelt sich jeden Tag, und ich komme ihr nicht nach. Ich kann sie nicht kriegen. Das hat Vater nicht ertragen können. Er sucht Mutter überall. In dem nicht endenden Rauch seiner Zigaretten. Im beißenden Schmerz des Alkohols. Am Sonntag sucht er sie im Schlaf. Er schläft den Sonntag lang.

Domingo.

Das waren Zeiten. Hol mir den Weißen, hat sie mich gebeten. Und ich kletterte über den Drahtzaun und setzte ihr den Hund auf den Schoß. Was hätte ich ihr nicht gebracht. Ich hätte alles für sie getan.

Jürgen Alberts

»Die Chancen liegen in der Vielehe...«

Interview mit Henri-Désiré Landru, dem Frauenmörder von Paris

Monsieur Landru, in Ihrem Notizbuch finden sich Hinweise, daß Sie in den Jahren zwischen 1914 und 1919, bis zu Ihrer Verhaftung, Kontakte zu 273 Frauen hatten. Wie war das denn zeitlich überhaupt möglich?

Ich glaube, es waren sogar noch mehr.

Wie viele denn?

Schwer zu sagen, ich bin mit dem Notieren kaum nachgekommen. Aber, ohne mich zu rühmen, ich würde schätzen, es waren über 300 Frauen.

Wenn ich nachrechne...

Lassen Sie das Rechnen. Es gehört eine eiserne Disziplin dazu, den Tag regulieren zu wollen, sich nicht ablenken zu lassen, sich seinem Ziel und seiner Berufung zu stellen.

Und wie haben Sie, wenn ich das auch fragen darf, Kontakte zu all diesen Frauen hergestellt? Hatten Sie eine besondere Art der Anmache?

Was soll das bitte sein? Ich habe dieses Wort nie gehört.

Einen besonderen Trick, sich den Frauen zu nähern, ausgefallene Schmeicheleien, Brautwerbung, Honigmund...

Ich habe ihnen die Heirat versprochen.

Allen?

Den meisten jedenfalls.

Aber wie können Sie denn so vielen Frauen die Heirat versprechen, das verstößt doch gegen...

Ja, sagen Sie schon?

Gegen die Moral, gegen die gesellschaftlichen Gepflogen-

heiten. Bigamie steht ja unter Strafe in fast allen europäischen Ländern.

Liebe gnädige Frau, ich muß wohl etwas weiter ausholen, damit Sie meine Lage überhaupt begreifen können. Es war Krieg, eine Völkerschlacht. Die Erbfeinde schlugen gegeneinander. Und in der Heimat herrschte die Einsamkeit. Die Soldaten kehrten nicht zurück. Todesmeldungen von Vätern, Männern und Brüdern erschreckten die Frauen. Und dazu gerieten viele in wirtschaftliche Not. So kam ich zu meinem Einfall, diesen Frauen eine Stütze zu sein.

Indem Sie Ihnen die Heirat vorgaukelten?

Moment, Verehrteste, lassen Sie mich fortfahren. Ich gab Anzeigen auf, die zum Herzen all jener einsamen Frauen sprachen. Anzeigen, die einfühlsam waren, die Verständnis zeigten in der Zeit, wo es nichts mehr zu verstehen gab. Und dann flatterten mir die Angebote nur so ins Haus. Madame Cuchet wollte zunächst nur eine Kommode versetzen. Ich half selbstverständlich. Eine andere Dame, deren Namen ich verschweigen möchte, brauchte Bargeld, um Frankreich zu verlassen. Ich habe es ihr beschafft.

Nun stilisieren Sie sich zum Wohltäter. Meinen Sie das im Ernst?

Ich würde niemals soweit gehen, mich als einen außergewöhnlichen Menschen zu exhibitionieren. Das läge nicht in meiner Absicht. Ich war ein Helfer, ein Tröster, ein Mann in schwerer Stunde.

Wie haben denn die Frauen reagiert, als Sie ihnen die Heirat versprochen haben?

Wenn ich ehrlich sein soll...

Bitte...

Es hat ihnen geschmeichelt. Manche waren auch ein wenig zögerlich. Wenige spielten darauf an, daß ihr Mann vielleicht doch noch zurückkommen könne, er sei schließlich nur im Felde vermißt. Es gab ja einige Fälle von Verwechslungen. Da wurden Briefe mit Trauerrand verschickt, obwohl der Betreffende verwundet in einem Lazarett lag.

Hat es keine Frau gegeben, die Ihr Ansinnen auf spätere Heirat abgewiesen hat?

Aber sicher, ganz gewiß sogar. Ein oder zwei waren es, ohne jede Frage. Ich habe mich dann stets diskret zurückgezogen, weil ich ja auf keinen Fall wollte, daß es zu Mißstimmungen kommt. Daran war mir nicht gelegen.

In Ihrem Tagebuch bezeichnen Sie die Frauen mit Buchstabenkürzel. Was hatte es damit auf sich?

Nun, man braucht bei einer solchen Menge von Kontakten eine gewisse Übersicht. So führte ich einige Kategorien ein. F bedeutete fortune, also Vermögen, sans F bedeutete sans fortune, SF waren sans famille und RAF hieß rien à faire, leider nichts zu machen. Aber das kam nicht so oft vor.

Ihnen ging es also in erster Linie um wirtschaftliche Betrügereien. Waren Sie bloß ein Heiratsschwindler, ein gewöhnlicher Krimineller?

Madame, ich muß schon bitten. Leider sind ja nun alle die Frauen, die mir ein gutes Zeugnis ausstellen könnten, verstorben...

Zehn haben ja Sie umgebracht.

Dazu sage ich nichts. Wenn Sie die Frauen fragen würden, die mit mir in Verbindungen standen, würden Sie zu ganz anderen Schlüssen kommen. Immerhin ist Fernande Segret, meine letzte Verlobte, zweimal im Gerichtssaal von Versailles ohnmächtig geworden. Und alles aus Liebe und Verehrung zu mir.

Darauf bilden Sie sich auch noch etwas ein. Sie haben diese Segret wie all die anderen betrogen, ihnen etwas vorgegaukelt, aus niederen wirtschaftlichen Motiven. Kamen Ihnen da nie Zweifel?

Jeden Tag, gnädige Frau, jeden Tag. Ich stand derartig unter Druck, so vielen gleichzeitig zu Diensten sein zu müssen, daß ich manchmal täglich dreißig Stunden und mehr gebraucht hätte, um all den Anforderungen gewachsen zu sein. Das ließ mich auch an meiner Mission zweifeln.

Ich meinte eigentlich Zweifel anderer Art. Sie wollen doch nicht behaupten, daß diese Frauen ihnen auch noch dankbar waren?

Genau, genau das steht für mich außer Zweifel, wenn ich Ihre Frage auf diese Weise beantworten darf. Wir hatten immer ein gutes Verhältnis zueinander.

Und warum sind diese Frauen im Prozeß nicht zu Ihrer Entlastung aufgetreten?

Ja, was glauben Sie denn, was für eine Hetzjagd auf mich

eingesetzt hat, nachdem ich im April verhaftet wurde? Die Zeitungen stempelten mich unisono zu einem Ekel, zu einem Wüstling, zu einem Monster. ›Le Temps‹ schrieb, ich sei ein Teufel, der geradewegs aus der Hölle komme. Überall die gleichen wilden Beschimpfungen. Und dabei waren die Herrschaften nur neidisch.

Wie muß ich das verstehen?

Die Schreiberlinge waren alles Männer, die mir meinen Erfolg bei Frauen neideten. Anders kann ich mir nicht diese wütenden Ausfälle gegen meine Person erklären.

Sie sehen nicht gerade wie ein Beau aus?

Eben, das hat sie ja so wütend gemacht. So ausfällig. Ich weiß selbst, daß meine Physiognomie vom Schöpfer erdacht wurde, als er selbst mit etwas anderem beschäftigt war, vielleicht sogar dem Liebesspiel...

Aber Ihre Heiratswilligen hat Ihr Aussehen nicht gestört?

Im Gegenteil, sie waren davon angezogen. Ich will Ihnen, meine Gnädigste, ein Geheimnis verraten, auch die Frauen, die für mich schwärmten, waren nicht immer so schön wie Sie. Hätte zu jenen ein Mann gepaßt, der sich strahlender Schönheit rühmen darf?

Lassen Sie die billigen Komplimente. – Im Prozeß haben Sie gesagt, Sie seien gar nicht hübsch genug gewesen, so eine Unzahl von Mätressen zugeschrieben zu bekommen. Was ist denn nun die Wahrheit?

Das Leben im Gerichtssaal geht seinen eigenen Gang. Ich mußte alle Register zu meiner Verteidigung ziehen. Ich weiß nicht, ob dieses Argument Eindruck gemacht hat. Jedenfalls haben die Frauen auf der Galerie geseufzt, als ich das sagte.

Warum haben sich denn die Frauen, die Sie... verschwinden ließen, niemals gemeldet, um ihren... Liebling zu verteidigen?

Vielleicht hatten sie keine Lust, sich vor Gericht zitieren zu lassen. Wer will schon gerne als Betrogene da stehen? Ich hatte dafür immer Verständnis. Deswegen habe ich keine Namen preisgegeben. Ich war immer diskret. Und noch eins: Madame Guillin, die zu Beginn des Verfahrens als angebliches Mordopfer Nr. 5 deklariert wurde, tauchte ganz lebendig wieder auf. Einige der »Verschwundenen« sind ins Ausland gegangen, andere...

Sie meinen, Sie haben sie schmierigen Frauenhändlern

überstellt?! Es gab ja damals den »Handel mit dem weißen Fleisch«, Frauen für Nordafrika und die arabische Welt. Hatten Sie damit zu tun?

Niemals. Dafür verbürge ich mich. Ich weiß, daß einige Frauen sich in ihrer Not auf so ein Gewerbe eingelassen hätten. Und auch wenn ich da einige Adressen kannte, ich habe stets abgeraten. Außerdem war es ihre eigene Entscheidung, sich an einen Scheich zu verkaufen.

Wie haben Sie sich gefühlt, als die Mutter von Madame Collomb im Gerichtssaal Ihnen ins Gesicht sagte, daß Sie der Mörder Ihrer Tochter seien?

Ich wußte, daß sie im Unrecht war. Aber hätte ich mein Wissen offenbaren dürfen? Das Geheimnis, daß mir Marie anvertraute, war eine reine Privatangelegenheit zwischen ihr und mir. Solche Privatangelegenheiten gehen die Öffentlichkeit nichts an.

Bis auf Fernande Segret, die zu Ihren Gunsten ausgesagt hat...

War sie nicht wundervoll? Nicht anbetungswürdig? Sie hat sich dem Haß der Schreiberlinge entgegengestellt und einmal in all den Prozeßtagen ein Bild von mir gezeichnet, das dem wesentlich näherkommt, was ich wirklich bin.

Was sind Sie denn wirklich? Wie würden Sie sich denn gerne bezeichnen lassen?

Ich habe in gewissem Sinne ein Modell für die Zukunft gelebt.

Wenn man von den getöteten Frauen absieht, meinen Sie.

Dazu kein Wort, bitte. Nein, ich wollte sagen, ein Modell für die Zukunft. Was an der Heirat schädlich ist, ist dieses Element der Wiederholung, des Alltäglichen, des schon Gewußten. Es gibt dagegen manches, was die Heirat und damit die Ehe an Vorzügen aufzubieten hat...

Sie sprachen von einem Modell. Ein bißchen überheblich, oder?

Nein, gewiß nicht. Ich habe mit vielen Frauen zusammengelebt, war ein Quell ihrer Freude, habe sie getröstet und mancher zu einem neuen Lebensweg verholfen. Die Chancen liegen in der Vielehe. Dann hätte man beides: Vertrautheit und Umsorgen, liebevoller Umgang und Lebenshilfe, und darüber hinaus: Abwechslung, Abenteuer, neue Entdeckungen.

Ein reichlich zynisches Konzept, einem Männerhirn entsprungen.

Das gilt im gleichen für die Frauen. Selbstverständlich würden auch sie viele Ehen eingehen können, nebeneinander, manche auch hintereinander, ohne sich dauernd zu trennen und damit zu vereinzeln. Es würde ein Geflecht der liebenden Beziehung entstehen und auf gesellschaftlicher Ebene eine neue Struktur, die aus Zuneigung geboren wäre. Da sehe ich die Möglichkeit, und das habe ich ein bißchen vorweggenommen. Wie gesagt, in schwerer Zeit.

Monsieur Landru, Sie versteigen sich.

Das Gericht hat mir von mehreren Gutachtern bestätigen lassen, daß ich im Vollbesitz meiner geistigen Fähigkeiten bin.

Sie halten sich also nach wie vor für vollkommen unschuldig?

Nein, auch ich habe Fehler gemacht.

Und welche?

Ich war zu uneigennützig, zu nachsichtig. Manche der Frauen, denen ich zu helfen versuchte, wollten mich ganz und gar besitzen. Ich konnte nur sehr schwer nein sagen, das habe ich erst mit der Anzahl der Kontakte lernen müssen. Ich habe manchmal zwei bis drei Rendezvous gleichzeitig gehabt und mußte mich entscheiden. Als ich dann mit großer Bestimmtheit gesagt habe, ich könne am Mittwoch niemals länger als eine Stunde kommen, gab sich Madame X. damit zufrieden. Aber andere...

Also hatten Sie doch Feinde?

Unter den Männern gewiß.

Ich meinte bei den Frauen.

Wenige. Ganz wenige. Aber die haben mich schließlich zu Fall gebracht, weil sie sich nicht zufriedengeben konnten.

Also war es so, daß Sie die Unzufriedenen umgebracht haben?

Verehrte, gnädige Frau, so sehr ich schätze, daß Sie mich nach all den Jahren noch mal befragen, wir hatten vor diesem Interview vereinbart, daß dieses Thema nicht berührt werden soll.

Es geht mir nicht aus dem Kopf...

Man hat mich damals gebraucht, meinen spektakulären Fall, etwas zur Unterhaltung für die Masse. Georges Mandel, der

Kabinettchef von Clemenceau, war selbst in diese Sache verwickelt, er hat den Theaterdonner inszenieren lassen. Der Blaubart von Gambais, der Frauenmörder von Paris... alles erstunken und erlogen. Es gibt ein Buch, der Name des Autors ist mir entfallen, in dem ich rehabilitiert werde.*

Aber die Frauen haben Sie beschwindelt? Das steht fest.

Wenn Sie das Schwindelei nennen wollen, bitte sehr. Ich würde es anders bezeichnen und mit mir viele der wohl über dreihundert Frauen.

Ich gehörte nicht zu –

Warten wir es ab.

Eine letzte Frage: Wer ist an Ihrer Stelle hingerichtet worden?

Das entzieht sich leider meiner Kenntnis, ich hätte gerne dem Ärmsten Trost zugesprochen. Aber der Gefängnisdirektor meinte, es sei wohl zu gefährlich, wenn ich mich mit ihm konfrontiere. Meine Abreise war jedenfalls gut organisiert. Man hatte mir den Bart abrasiert, damit war ich unkenntlich, einen weißen Anzug bereitgelegt, ein Wagen wartete am rückwärtigen Ausgang des St.-Pierre-Gefängnisses. In Lissabon nahm ich das Schiff nach Buenos Aires. Ich will mich nicht rühmen, aber einer der wenigen klugen Zeitungsschreiber hat vermerkt, so wurde mir später berichtet, daß man mir den Pour-le-Mérite verleihen müsse, weil ich Frankreich ein wenig mit gerettet habe. Ich finde das übertrieben, aber ich habe, so sah ich meine Aufgabe, ein wenig die französischen Frauen mit gerettet.

Monsieur Landru, ich danke Ihnen für das Gespräch.

Aber Sie bleiben doch noch auf ein Glas Bordeaux. Oder ziehen Sie einen hiesigen Wein vor?

* Anm. d. Hrsg.: Jürgen Alberts, *Landru*, Stuttgart (Klett-Cotta) 1987

Michael Koglin

Last Minute nach Barbados, Abflug sofort

Ich liebe sie alle, Herr Richter. Wirklich. Für mich sind alle Frauen schön. Ob blond oder rothaarig, mit großen Nasen oder Haaren an den Beinen, ich liebe sie. Alle. Vielleicht bin ich deshalb ..., ich weiß, das ist keine Entschuldigung, aber trotzdem. Manchmal höre ich noch die Stimme meiner Mutter. Richtig angefeuert hat sie mich. »Jede kannst du kriegen, so wie du aussiehst.« Das hat sie gesagt. Wortwörtlich. Und dabei die Lippen über die Zähne geschoben und mit den Augen geplinkert. So als hätte ich gerade eben mit einer Frau was Schlimmes angestellt. Dabei haben die Frauen mir das Geld richtig aufgedrängt. Erwin hier und Erwin da. Erwin braucht einen neuen Anzug, und Erwin braucht ein neues Auto, und dann eine Uhr und ... naja, da hab ich nicht nein gesagt. Muß man »nein« sagen, Herr Richter? Und schließlich hatten sie auch etwas davon. Hat ja schon Moses in der Bibel gesagt, daß es gar nicht so gut ist, wenn der Mensch sein Leben alleine verbringt. Ja, ich habe sie glücklich gemacht. Zumindest eine bestimmte Zeit. Glück dauert eben nicht ewig. Ja, sie waren glücklich. Fragen Sie mal. Und so eine richtige Ehe kann viel zerstören, glauben Sie mir. Ich weiß, wovon ich rede. Die Ehe ist eine Art Romanze, bei der der Held im ersten Akt stirbt, ein ... Herr Richter? Nein ... ich will hier keinen Mord gestehen. Es ist nur so, ich habe die Frauen immer verstanden, immer zugehört. Das haben sie bei mir gesucht. Ich bin so eine Art Medizin.

Und dann hab ich Inge getroffen. Himmel, was für eine Frau. Groß gewachsen, mit Beinen wie eine, eine ... ja, wie die Dietrich. Und so verschlossen und vorsichtig. Vom Leben geschlagen. »Entblättert« hätte ich sie. Hat sie gesagt, Herr

Richter. Und irgendwie wollte ich sie aufbauen, ihr imponieren. Ich sage also: »Ich komme aus Deutsch-Südwestafrika.« So als Weißer unter Schwarzen und daß ich eigentlich gar keine Aufenthaltsgenehmigung hätte. Und dann hab ich von meinem tyrannischen Vater erzählt, der abends, wenn es dunkel wird, seine Landarbeiter erschlägt und ihre Frauen vergewaltigt und daß er auch mich umbringen... na ja, jedenfalls komme ich eigentlich aus Lüdenscheid. Das müssen Sie mir glauben. Himmel, sie war wirklich mächtig beeindruckt. Und wissen Sie, was sie gemacht hat? Sie hat mir mit Hilfe einer Freundin falsche Papiere besorgt. Einfach so. Und dann, jetzt halten Sie sich fest, sie hat gleich das Aufgebot bestellt. Herr Richter, ich schwöre, sie hat mich gar nicht gefragt, sondern mir den Schaukasten beim Ortsamt mit den Aufgeboten gezeigt und gesagt: »Überraschung.« Richtig geflötet hat sie. Ja, ich saß plötzlich mächtig in der Patsche. Ich hab meine alten Papiere in einen Leinenbeutel gesteckt und ihn in den Bettkasten geschoben. Ich hieß ja jetzt plötzlich Peter Odenfeld. Sie hat gesagt, der Name klingt irgendwie schön. Ihre Freundin vom Einwohnermeldeamt fand das auch. Herr Richter, ich habe mich so gar nicht wohlgefühlt. Das ist schließlich ein Paßvergehen, und damit ist nicht zu spaßen und außerdem: Plötzlich konnte ich da nicht mehr raus.

Mein Leben lang bin ich Heiratsschwindler gewesen. Und ich war gut. Es war... es ist eine Berufung. Eine Gabe, verstehen Sie? Und dann sitze ich mit all meinen Talenten fest. Bin verheiratet, und draußen fahren die Frauen in ihren Sportwagen vorbei. Lächeln mich an, und ich kann nichts machen. Wäre doch alles aufgeflogen mit den falschen Papieren. Einmal hatte ich ein Rendezvous... ich wollte nicht aus der Übung... also Inge hat das spitzgekriegt und ist wie eine Furie durch den Laden und schüttet uns den Milchkaffee über den Kopf. »Du mieses Schwein«, hat sie gerufen, zwei Aschenbecher zerdeppert und mit einem Anruf bei meinem Vater in Südafrika gedroht. Dabei war der doch Nachtportier im Hotel Garni in Lüdenscheid. Das hätten Sie sehen sollen, Herr Richter... Inge hat gewonnen.

Ich war verloren. Jeden Abend habe ich meinen Leinenbeutel herausgenommen und zärtlich gestreichelt. Ein letztes Stückchen Heimat. Ein letzter Ankerplatz für mein wahres Ich. Es hat mich daran erinnert, daß ich Erwin Schnittmacher heiße. Und das stand in meinem echten Paß, Herr Richter. Das müssen

Sie mir glauben. Und ein Führerschein war da drin. Jeden Abend hab ich den Beutel wieder in den Bettkasten geschoben. Und immer diese Kopfschmerzen. Ich wollte ja weg und hab immer überlegt, wie ich das mache. Und dann Herr Richter, dann bin ich so richtig in die Scheiße ... 'tschuldigung.

Inge hat sich verliebt. In ihren Abteilungsleiter. Stellen Sie sich das vor. Ich bin der Heiratsschwindler, und die verliebt sich in einen anderen Mann! Das Schicksal ist manchmal schon komisch. Himmel, was sollte ich denn machen? Irgendwie hatte ich mich ja auch inzwischen an sie gewöhnt. Ich habe gelitten, Herr Richter. Gelitten. Und vor lauter Leiderei hab ich Idiot wieder den Absprung verpaßt. Das war meine vorletzte Chance. Aber nein, ich spiele den eifersüchtigen Gockel. Ich sag: »Das kannst du nicht machen.« Sie sagt: »Dann geh doch zurück nach Afrika. Wir sind hier in Deutschland und nicht in irgendeinem Kral.« Und daß sie schon gar nicht meine Sklavin sei. Ich hab ihr mit der Paßgeschichte gedroht. Und dann schnappt sie den Beutel, holt meine echten Papiere raus, hält mich mit der Schere in Schach und beginnt dann meine wahre Identität zu zerschnippeln. Die Fetzen hat sie im Klo runtergespült. Dann ist sie ins Schlafzimmer, packt ein paar Sachen für mich zusammen und stellt mich mit einem Koffer und einer Reisetasche auf den Flur.

Den Hund durfte ich auch nicht mitnehmen.

Das war wieder eine Chance. Ich hätte mir Geld besorgen sollen und dann ab nach ... nach ... in die Südsee halt. Aber ich denke nur, Scheiße, denke ich, jetzt heißt du dein ganzes Leben Odenfeld-Lichtenhahn. Aber ich hatte meine Chance. Und was mache ich? Es ist zum Kotzen, 'tschuldigung, Herr Richter: Ich Idiot gehe zu ihrer Freundin. Die vom Einwohnermeldeamt. Ich war ja so am Ende, Herr Richter. Renate hat mich in den Arm genommen und zack, saß ich schon wieder knöcheltief in der Scheiße.

Nein, Herr Richter, ich weiß, daß Sie mich nicht so einfach scheiden ... nein, Herr Richter, ich wurde ja geschieden, jedenfalls von Inge. Zwei Wochen später hat Renate »alles in die Hand« genommen. Ich heiße jetzt Odenfeld-Pütz. Herr Richter, Sie sind meine letzte Hilfe. Ich muß da raus. Renate droht damit, mich abschieben zu lassen. Aber man kann doch niemanden nach Lüdenscheid abschieben. Oder?

Herr Richter, sehen Sie meine Augen an. Das schlechte Licht bei der Arbeit... ich habe einen krummen Rücken und talgige Haut. Ich komme so gar nicht mehr an die frische Luft. Herr Richter, ich kann nicht mehr. »Ein bißchen Heimarbeit«, hat Renate gesagt. Die reinste Sklavenarbeit ist das, Herr Richter, das müßte verboten werden. Da sollten Sie sich von Amts wegen... Wie... Was Sie da tun können, Herr Richter? Also, ich bräuchte eine Art Bestätigung, Herr Richter. Daß ich eigentlich ein Heiratsschwindler bin und so. Ich muß da weg. Immer habe ich davon geträumt, meinen Lebensabend auf einer karibischen Insel... braungebrannte Mädchen, Sportboot und abends in den Yachtclub. Und was mache ich? Jeden Tag, den Gott werden läßt, sitze ich im Schummerlicht in der Küche und bastle diese Scheiß-Straßgürtel zusammen. Herr Richter, das ist menschenverachtend. Nein, Herr Richter, ich schäme mich nicht für meine Tränen. Ich kann nicht mehr. Ich sitze da und... ja, manchmal fahre ich in Gedanken einfach zum Flughafen... dann direkt zum Last-Minute-Schalter und sage: »Barbados. Für eine Person. Abflug sofort.« Und dann schreibe ich noch schnell eine Postkarte und... ja, Herr Richter, ich komme zur Sache.

Ich erzähle das mit dem Flughafen doch wegen der Fluchtgefahr, die bei mir besteht... Also, ich wollte fragen, ob Sie mich vielleicht verhaften oder zumindest festnehmen könnten. Weil ich doch als Heiratsschwindler... Wie? Glauben Sie mir, diese Ehe ist wirklich null und nichtig. Ich bin wirklich ein Heirats... ja, Herr Richter, ich verstehe... Sie brauchen Zeit... aber könnten sie mich nicht trotzdem verhaften... wegen Fluchtgefahr? Zumindest so, daß ich mich einmal in der Woche auf dem Revier melden muß. Dann komme ich wenigstens mal an die frische Luft.

Herr Richter, haben Sie ein Herz, Sie müssen mir helfen. Sonst komme ich da nie mehr raus.

Wie? Was meine Frau dazu sagt? Himmel, die bereitet die silberne Hochzeit vor. Nächste Woche. Herr Richter, Sie müssen mir helfen. Ich flehe Sie an.

Jutta Heinrich

Das Single

Wenn es die Ehe nicht gäbe und ihre Folgen, wäre mein Leben um eine jahrzehntelange Beobachtung, ein fasziniertes Schaudern ärmer. Vielleicht rächt sich eine unverrückbare Entscheidung und schleicht sich heimlich in die Texte hinein und gebiert auf dem Papier all die Kinder, die ich mich geweigert habe, im ehelichen Schutz aufzuziehen? Die sicherlich tief auf dem Grund liegende Eheabwehr hat zumindest eine Fülle von ironischen und zugespitzten Anwürfen freigesetzt, so schrieb ich:

»Und obwohl ich mein ganzes Leben verkehrt habe, Unterschlupf fand in den reichen Erregungsorten außerhalb des Diktates einer angeblichen Natur, ist mir, als wäre alle Gesellschaftsflucht umsonst gewesen. Eine schrecklich vorsorgliche Amme muß an meinem Bett gesessen, mich mit der schwarzen Milch gesäugt und mit all den Seufzern zwischen Mann und Frau aufgefüttert haben. Schon als Kind, das ich vorgab zu sein, erschreckte mich dieses ›Mama-und-Papa-Joch‹, die Welt erschien mir als Krankenhaus, und bis heute ist mir unbegreifbar, daß Mann und Frau – nicht erkennend – gestraft sind, ihr Unglück zu wiederholen, als liege in der Wiederholung ein eigentliches, einziges Glück.«

Aber woraus mag ich meinen Lebenszustand gespeist haben, den ich Jahr um Jahr intensiver und erfüllter erlebte? Woraus mag sich die Entscheidung entschieden haben, die ich spätestens mit dreizehn fällte und um die herum ich gelebt habe? Erst allmählich ist mir deutlich, daß Gefühle von Rebellion und Widerstand kaum mehr als Trotzkopfphasen sind und die Dimensionen einer so tiefen Ahnung nicht mal nicht treffen, sondern viel eher verdecken. Wer die Gelegenheit bekommt, auch nur fünf Minuten über sich zu reden, ist in jedem Falle früher anders oder widerständig gewesen, findet sich bis ins Greisenalter rebellisch. Was am merkwürdigsten anmutet: Ich kann keine Elternhaftung als Urantrieb zugrundelegen. Meine Urheimat verbirgt keinen schlagenden, saufenden Vater, keine verratende, liebesunfähige Mutter, so nachtragend ich auch über den Beginn meines Lebens nachdächte: Ich fände kaum eine frühkindliche Schädigung, die mir bis ins Altern hinein erlaubt haben könnte, die schiefe Architektur meines Lebens *anderen* in die Schuhe zu schieben. Und doch war kein Gedanke unzumutbarer als die Ehe oder eheähnliche oder ehevermeidende Zwitterformen, die gleichfalls – wenn auch mit anarchistischen Drohgebärden – unweigerlich im gleichen nivellierenden Grundmuster enden.

Ist es eine eingeborene Intuition, ein Frühwarnsystem, das kindliche Eigenwilligkeiten vor Übergriffen schützt? Über die Frage, was ist Intuition und wieso ist sie schwer überlebensfähig, begriff ich, daß jedes Individuum über eine seelisch-geistige Grundausstattung, eine Lebensmitgift verfügt, die einem schützenden metaphysischen Mantel, einem Utopie-Entwurf gleichkommt. Ich bin mir sicher, daß es kaum Menschen gibt, die mit dieser überphysischen Volte nicht beschenkt sind, selbst wenn sich diese unnennbare Dynamik nur als Wunsch nach der Sehnsucht erhält. Diese kollektive Ahnung, das utopische, überpersönliche Gedächtnis kann als Intuition nur überleben, wenn die Nabelschnur zum sinnlichen Selbst nicht durchschnitten wird. Intuition ist die Wahrheit, die zwischen den Zeilen in einem poetischen Gedicht auftaucht, Intuition ist das Mystische des Realen, ist die Sprache der Tiere, der Atem der Steine. Sie ist leicht tötbar, sie ist empfindsam und braucht eines auf jeden Fall zum Wachstum und Erhalt als Nährboden: Freiheit!

Diese Mitgift wurde nicht zurückverlangt, ich konnte dieses Urgeschenk durch glückliche Kindheitsumstände über die kritischen Jahre der Pubertät, der Suche nach dem Selbst behalten. Ich wurde durch positive Riten innerhalb eines großbürgerlichen Zuhauses nicht durch Erziehung und Drosselung von ihr entfremdet. Anfangs sicherlich mehr unbewußt als bewußt, wurde ich Meisterin am Bau meines Lebens, mein sogenanntes Bios wurde zum Fundament für die Ästhetik einer selbstgedachten Existenz. Die Freiheit zur eigenen Lebensformung hat die Intuition, die ich als mein drittes Auge bezeichnen möchte, durchleuchtend und tiefsichtig gemacht, ich wurde zur Erahnerin der unsichtbarsten Gewalt, der leisesten Diskriminierung, Herabsetzung oder Unterdrückung von Freiheit im *anderen*.

Diese übersinnliche Warnanlage hatte zur Folge, daß ich dennoch, trotz positiver Elternerfahrung, in der Ehe, in jeder Art von Norm und Rollenübereinkunft die grundlegende Verletzung auf dem Weg zur eigenen Freiheit überlichtig erkannte. Die Ehe empfand ich als den Hort, in dem still und zäh an einer gemeinsamen, übereinkünftigen, liebevollen Degradierung aneinander gearbeitet wird. Die allmähliche und fortschreitende Degradierung ist der Prozeß, der den eigenen Wünschen die Libido entzieht, den Gedanken der Freiheit das Fliegen raubt. Die unterirdischen Gewaltakte der Ehe, eingebettet und unkenntlich gemacht in einem dichten Netz des Privaten, dienen dazu, die aufständischen Reste eines freien eigenen Lebensentwurfes zu nivellieren und aus der geistig-seelischen Gemeinschaft eine materielle Gütergemeinschaft zu installieren.

Die Ehe in ihrer orthodoxen, untransparenten Daseinsform ist eine gemeinsame, noch nicht einmal gesicherte Fremdabsprache, mittels aufwendiger Ersatzgefühle schmerzlos zu halten, daß ihre Sinnaufgabe ist, tiefenwirksam das gemeinsame Degradierungswerk zu vollbringen. Daß die Frau dem Prozeß der Herabminderung erfolgreicher ausgesetzt ist, sogar so effektiv und uneinsichtig, daß sie diesen selbst gegen sich anwendet, liegt in der Natur der strukturellen und verborgenen Machtverhältnisse, worauf die bürgerliche Ehe mehr oder weniger bis heute beruht. Die Ehe bedeutet nicht und kann nicht bedeuten: Erringung von gemeinsamer Erlösung von Unfreiheit; dies ist ihr tragischer Sinn, Erfolg und Zusammenhalt und könnte mit dem Lebenslehrabschluß: *unglückliches Glück* ausgezeichnet werden.

Die Frauenbewegung hat nicht umsonst und aus einer Ahnung heraus, die ich als das Rühren an den Schaudern bezeichnen möchte, den Slogan: *Das Private ist politisch* zur Kampf- und Durchschauungsgrundlage gemacht.

Genau dieses Private bildet heimlich und unaufhaltsam die Druckmittel aus, die sich der zu Züchtigende als Moral, als Unfähigkeit, als fatale Verantwortung, Pflicht und Verzicht auf sich selbst auferlegt. Die Idee einer Freiheit ist bald gänzlich überstimmt und lebt fort in einer diffusen, unbegriffenen Ansammlung kleiner Unpäßlichkeiten, vertieft die Ernsthaftigkeit einer regelhaften Alltagsbeschäftigung. Nun ist es aber nicht so, daß diese Erblindung der Freiheit nur die Frauen betrifft, selbst Männer sind an der Sorge, dieser mühevollen Aufgabe: an der Verkleinerung des zukünftigen Lebens überfordernd beteiligt. Selbst der gröbste Tyrann stellt letztlich unter Beweis, daß seinen wütenden Ausbrüchen, seiner Neigung zu Aggression und Gewalt, zum Verweigern des Worts, ein unerträgliches Gefühl zugrundeliegt: Der Traum vom Abenteuer ist von Gemütlichkeit überwuchert, so daß er nicht anders kann, als den Selbstbildverlust, ein gekränktes *Ich*-Ideal, gewaltvoll gegen sich zu richten. Nur im Beruf, in der ehrgeizigen, erfolgreichen Darstellung seiner Autorität kann er die Blessuren einer Niedertracht aneinander aushalten. Die gegenseitige liebenswürdige Dauerdressur an und miteinander, gemildert durch Kindchensprache, Reduzierung des seelischen Niveaus, das Schwinden der erotisch neugierigen Faszination aneinander, wird überführt in die Sucht des *Workaholics* nach beruflicher Anerkennung, in ein Streben nach Geld, Gut und Einfluß, und kulminiert nach dem Verlust eines ganzen Lebens – in der Hohen Schule der tiefen Entsagungen.

Die Wirksamkeit dieser unheimlich wirkenden Mittel, einer gemeinsam anerkannten und eingegangenen Herabminderung, wirft die Schatten einer Trauer bis in die Tiefe unseres Lebens, einer auf Unfreiheit beruhenden Gesellschaft. Es zeigen sich die Fratzen der Ungeheuer, die im verschlossenen Inneren geboren werden. Unsere so vielgepriesene und gescholtene Rationalität ist keine Agentin des Denkens, einer luziden Vernunft, sie ist vielmehr ein Knecht dunkler, dumpfer Schatten. Die Ehe und ihre Erbfolge in die Generationen erlaubt sich immer noch eine Diskussion, als gelte es, rührselig den Verlust des *Moses*-Körbchen im häuslichen Schilf einzuklagen. Und nun, beinahe ohne jede Revolte, ohne jedes emanzipatorische Konzept, ohne Vorbereitung, einfach aus der Überfülle einer Warenproduktion taucht *das Single* auf, steigt dreist auf aus den Abgründen eines verdrängten kollektiven Empfindens für Freiheit und lebt sich als ein selbstverständlich für sich allein lebendes Individuum.

Wenn *Single* – das ich *es* nenne – auch eine amerikanische Imitation ist, so scheint eben gerade dieser jede Moral verweigernde Ausdruck *Single* sich nicht auf einen Widerstand gegen etwas, gegen die Ehe, gegen die Eltern, nicht den Männerhaß, nicht den Frauenhaß zu berufen, sondern *Single* signalisiert kaum mehr als die Wahl seiner oder ihrer selbst. Ich spreche nicht von einem Phänomen, das dezent in der Ferne droht, ich spreche von einer epidemischen Erscheinungsform, die schaudernd, verächtlich oder heimlich neidisch abgewehrt werden könnte; wir leben im Zentrum einer Veränderung, die ziemlich genau 12,4 Millionen Einpersonenhaushalte und darin enthalten 6,7 Millionen sogenannte echte *Singles* beheimatet.

Die gesamte westliche Welt ist von einem inneren Erdrutsch gekennzeichnet, daß die einzelnen Subjekte nämlich ein eigenständiges Leben führen, an die Quelle eines sinngebenden Daseins gelangen wollen. Es ist, als würde das informationsertränkte, *ich*-diffuse Individuum sich aufwerfen und intuitiv begreifen, daß erst einmal die einzig eigenen Lebensvoraussetzungen auszuprägen sind, um eine Gemeinschaft antihierarchisch und partnerschaftlich denken zu können.

Das *andere* erscheint auf dieser Folie als das glücklichere Glück. Natürlich ist die sogenannte Selbstfindung eine, die auf dem Aufbruchsboden der Frauenbewegung entstand, sie aber beinhaltete noch die Selbsttäuschungsgefahren, die in der Notwendigkeit begründet liegen: sich von etwas zu emanzipieren, einen Halt zu brauchen, an dem die Fahnenstange befestigt wird. Wenn es eine entscheidende untergründige, schwer spürbare Wandlung auch innerhalb der Bewegung von Frauen gibt, dann die, daß der Aufbruch zur eigenen und zur Freiheit von *anderen* gewählt wird, ein Signum, das auch das *Single* zeichnet und es letztlich für die Norm einer Gesellschaft von Grund auf gefährlich macht. Dieser unterschwellige Aufruhr gegen das allmähliche Verschwinden in der Ehe, den althergebrachten Gemeinschaften, folgt eher dem somnambulen Aufruf, die eigene Geschichte als Lebensentwurf zu begreifen. Ein einzigartiger Lebens- und Daseinsstil, der die Zwangsnorm einer Lebensgestaltung abzulösen in der Lage ist und Autonomie als höchstes Gut erkennt.

Diese Wahl, das Leben zu einer Probierstube der Existenz machen zu können, ist schon deswegen gesellschaftlich inakzeptabel, weil wir immer noch in einem geistigen Wahn leben, die Fortpflanzung, die endlose Vermehrung gebe dem Menschen Aufgabe und himmlisches Ziel. Ein selbstbestimmtes, auf Kritik und Durchdringung gesellschaftlicher Übereinkünfte basierendes Leben kündigt den Zwang zum Erfüllungsgehilfen auf und legt unbewußte und bewußte Machtstrukturen frei. Wollen wir den berechenbaren Lauf der Geschichte auch nur ein wenig verzögern und aufhalten, wird eine Ausprägung der Eigensinnigkeit, die Ausprägung eines kristallinen Selbst, einer Empathiefähigkeit sich als rettender erweisen als alle politisch institutionellen Eingriffe und Manipulationen. So sind die Wandlungen der Paargeschichte, in der wir alle leben, für mich der Beweis, daß ich weniger gegen die entmündigende Form dieser Zweierfestung rebelliert habe, sondern viele Jahre früher durch das Leuchten meiner Intuition mich nicht einverleiben ließ, unbestechlich daran festhielt, daß die Schauder, die ich empfand, die Wahrheiten bilden, die aus einem stillen Unbehagen Sprache machen. Und genau genommen geht es kaum noch um die Artikulation einer wie auch immer gearteten Ideologie der Befreiung, sondern seit Jahren erleben wir, daß – und wie – sich die Leidensanstalt *Ehe* öffnet, die Dauerbettlieger, die Geschlagenen, die Selbstwertverstümmelten in die Diskussion entlassen werden und den Beweis erbringen, daß gerade die Hüter die Elendsüberträger sind.

In einem Monolog lasse ich eine Siebzigjährige sagen: »Alle müssen so werden wie alle, vorher – wird nicht gestorben.«

Eva Demski

Vive la solitude oder Wie vermehren sich Singles?

Man kann sich drauf verlassen: In spätestens drei Monaten wird sie wieder ertönen, die vertraute Klage über das Anwachsen der Einpersonenhaushalte, die Zunahme der Egozentrikerriege, das Um- oder Einstürzen der demographischen Pyramide, die wachsende Selbstsucht und die damit einhergehende Isolation – kurz, der Untergang des Abendlandes droht durch den wachsenden Unwillen zur Fortpflanzung und den Mangel an Bereitschaft, sich ein Leben lang mit der Bildung, Erhaltung und Vergrößerung jenes Zellhaufens zu beschäftigen, den man Familie nennt. Das ist ein Thema, dem sich die Politiker, die Soziologen und Psychologen ebenso gern widmen wie die Versicherungsmathematiker und die Immobilienmakler. Wobei die urteilenden Gruppen allesamt vom Thema was verstehen, seien sie nun, wie die Politiker, strukturelle Solisten, die ihre Familie höchstens sehen, wenn der Photograph für die Homestory kommt, oder nach früherer familiärer Versuchsanordnung wieder zum Alleinsein zurückgekehrt wie die allermeisten Sozio-, Psycho- und sonstigen -logen. Das hindert die alle nicht, aus mannigfachen Gründen die Aufspaltung der Gesellschaft in Einzelwesen zu beklagen. Warum eigentlich? Die Deutschen stürben aus, heißt es manchmal: Wäre das so schlimm? Denn das heißt ja nicht, daß die Menschen aussterben, sondern daß sich andere Zusammensetzungen im großen Kaleidoskop ergeben: Und wenn ein Deutscher vor hundert Jahren ein polnisch-friesisch-ostpreußisches Puzzle gewesen war, das man irgendwann mit einer Hymne, einer Nation und mehreren daraus resultierenden Kriegen ausgestattet hat, wird die oder der Deutsche der Zukunft vielleicht ein bosnisch-afrikanisch-vietnamesisches Puzzle sein, das in Bottrop oder so auf die Welt gekommen ist und fröhlich-bewußtlos im Internet schaukelt.

Was heißt da: aussterben? Aussterben mag vielleicht die Fähigkeit, einen korrekten Nebensatz zu bilden oder einen Ahorn von einer Buche zu unterscheiden – das kann schon sein, mir scheint, es ist schon auf dem besten Weg damit: Aber die Menschen? Nicht so bald, da mögen sie sich vereinzeln, wie sie wollen. Denn es ist eine Tatsache: Es leben viel mehr Menschen allein als je zuvor. Man kann das auch als eine kulturelle Errungenschaft betrachten – der Schutz durch die Horde und die Substitution während der biologisch bedingten Ausfallzeiten sind nicht mehr notwendig – das Individuum vermag sich zum erstenmal in der Geschichte allein zu schützen und zu ernähren, nur mit der anonymen Hilfe gesellschaftlicher Übereinkünfte und staatlicher Institutionen. Das bedeutet einen ziemlichen Schritt auf dem Weg zur Freiheit. Die samtbezogenen Halseisen und Fußfesseln der Ehe und die immer länger andauernde Verpflichtung zur Brutpflege sind vermeidbar geworden, und die Argumente dagegen klingen schal und fahl. Die Drohung mit der Einsamkeit im Alter verfängt nicht mehr bei denen, die vier- und fünffache Mütter ohne jeden Verwandtschaftsbesuch im sogenannten Seniorenheim haben warten sehen, und der Anblick der meisten Ehepaare löst bei den einzelnen Anfälle von tiefster Dankbarkeit aus, diesem Schicksal entronnen zu sein. Merkwürdigerweise ist die Abwehr gegen diese offensichtlichen Tatbestände erbittert und bedient sich der eigentümlichsten Argumente. So ist jede in der Boulevardzeitung abgedruckte Geschichte über offenbar dumpfköpfige Menschen, die eine öde Kette von Unheil gleichwohl nicht davon abgehalten hat, zu ihren fünfen noch ein sechstes Kind vorzubereiten, mit dem Ton solidarischen Mitgefühls geschrieben, und die einzelnen, die das fassungslos lesen, werden sich hüten, auch nur ein Wort dazu zu sagen. Selbst die dümmste und sichtlich überflüssigste Reproduktion wird des gesellschaftlichen Segensspruchs teilhaftig: jedenfalls öffentlich. Daß es inwendig anders aussieht, beweist die wachsende Entschlossenheit, die Fährnisse der Lebensreise mutig und allein durchzustehen. Das geht nicht immer so tiefsinnig vonstatten, wie es klingt: Ein normaler Weg, nach der Arbeit zum Beispiel, der dem Betanken des Autos, der Abholung eines Päckchens und dem Einkauf von Lebensmitteln gewidmet war, läßt durch die vielen eingebauten Fortschrittsfallen den Menschen so erschöpft zurück, daß er sich zu irgendeiner Liebesaffäre oder der daraus resultierenden Kindererziehung nicht mehr imstande fühlt. Ein Labyrinth von Einbahnstraßen, Warteschlangen, verriegelten Einkaufswagen, abgelaufenen Telefonkarten und defekten Automaten will allabendlich erfolgreich durchmessen werden: Hinterher kann man nur noch Mikrowellenpizza und Derrick. Ganz ausgelernte Zyniker schauen sich mitten in der Nacht Bärbel Schäfer an: Schlangengrube Familie. Solche Leute, die da vorkommen, kennt man eigentlich im richtigen Leben nicht, aber man weiß genau, sie *sind* das richtige Leben – das, vor dem sich die einzelnen ebenso unbewußt wie besessen schützen möchten.

Und was ist, werden jetzt viele entschlossen Glückliche fragen, mit der Einsamkeit? Was ist, frage ich tapfer dagegen, denn eigentlich schlimm an ihr? Man hat uns den Schrecken vor ihr doch nur eingeredet, um uns handhabbar zu machen, gefangen im Netz der Verantwortlichkeit, hilflos zwischen zwei fordernde Generationen gezwängt, die vorhergehende und die nachfolgende.

Wer die Köstlichkeit des Alleinseins geschmeckt hat, ist nicht mehr instrumentalisierbar: Macht ist ihm egal, Geld nur als Möglichkeit und nicht als Selbstzweck wichtig. Ideologien und Religionen tun sich schwer mit dem Einsamen, der ans gleiche Glück für alle nicht glauben mag. Widerstand gegen das mörderisch verordnete Glück haben oft die Einsamen geführt, wissend, daß es einen Punkt gibt, an dem gehandelt werden muß ohne die Frage nach dem Erfolg. Der Kategorische Imperativ ist einem sehr einsamen Kopf entsprungen.

Nein, ich werfe die beiden Begriffe allein und einsam nicht durcheinander. Sie sind nicht so weit voneinander entfernt, wie es die Seelendoktorei behauptet, die gern das Alleinsein zu etwas Freiwilligem und die Einsamkeit zu einem Schicksal, schlimmer als der Tod erklärt. »Allein« hat kein Substantiv, deswegen erscheint es momentaner. Wer gut allein sein kann, muß seine notgedrungene Kumpanei *mögen* – sich selbst. Für ihn hat die Einsamkeit keine Schrecken.

Trotz der gravitätischen Beschwörungsformeln, trotz des zweiten *L*, das der Kanzler dem Wort »Famillie« zugebilligt hat, trotz der Seid-fruchtbar-und-mehret-euch-Strategie der alleinseligmachenden Mutter Kirche, die aber ihre Diener zum Alleinbleiben verdonnert – man kann die Augen nicht mehr davor verschließen, daß es in den Läden ganz kleine Brote, ganz kleine Blumenkohlköpfe und ganz kleine Suppendosen zu kaufen gibt, und in den Restaurants stehen ganz kleine Tischlein, an denen immer einer oder eine sitzt und sich scheu in eine Tageszeitung hüllt.

Die Diversifizierung des Menschen schreitet voran, die Frage »Wer bin ich« müßte eigentlich dringlicher denn je gestellt werden, denn wenn man sich alle anderen erfolgreich vom Leibe gehalten hat, wächst doch die Neugier auf jenen Menschen, den man sieht, wenn man in den Spiegel schaut.

Vielleicht ist so der rasende Erfolg jenes Buches *Sophies Welt* zu erklären, einer Art Alete-Version der abendländischen Philosophie, geistige Ergänzung der Mikrowellenmenüs und Telefonpartys. Daß sich die *Neuen Einzelnen* mit solcherart Vorgekautem und Zugerichtetem abspeisen lassen, ist gar nicht verwunderlich: Alles und jedes muß auf dieser Welt gelernt werden, und jemand muß das Gelernte bezeugen: Nur das Alleinsein bringt einem keiner bei. Das Kinderaufziehen übrigens auch nicht, wir sagten es schon, und wir können daraus schließen, daß Autofahren oder Mengenlehre wichtiger sind als ein heiteres und stolzes Leben oder ebensolcher Nachwuchs.

Wir sind also noch mitten in einer Welt sehr ungeübter und an den Frösten der Freiheit leidender einzelner. Die erliegen dann für einsdreiundzwanzig pro Sekunde oder so den Sirenenrufen NULLHUNDERTNEUNZIG! DREIDREIZWODREIDREIZWO!!!, sie springen an Seilen von Kränen herunter oder trinken und rauchen sehr viel. Oder sie tun das nicht und zahlen hundert Mark im Monat dafür, daß sie an einer Maschine allein das Treppensteigen üben dürfen oder das Rudern. Viel Kraft also wird darauf verwendet, anderen einzelnen die Reize des eigenen Einzelnseins vorzuführen, denn all diese dem singulären Körper dienenden Betätigungen wirken zwar ein wenig autistisch, sind aber gleichwohl dem jeweils anderen Individuum – mit den Geschlechtszugehörigkeiten wollen wir uns nicht aufhalten, da geht in Zeiten der Vereinzelung sowieso einiges durcheinander – zugewandt: Der einzelne schaut in den anderen einzelnen wie in einen Spiegel, dumpf ahnend, daß er Platons altes Wort von den Hälften, die einander suchen, unbewußt erfüllt, ob er will oder nicht.

Wer in der Schule des Alleinseins schon fortgeschritten ist, weiß, daß die andere Hälfte dann ins Leben kommt, wenn man seines Einsamseins friedlich, glücklich und gelassen innegeworden ist. Das kennt jedes Schulmädchen und bringt es auf den Nenner: Wenn du einen suchst, lernst du ums Verrecken keinen kennen. Und wenn du gut drauf bist und nix brauchst, stehen sie Schlange. Womit wir bei einem besonders reizvollen Punkt der Einsamkeit angekommen sind: Wer sie wirklich gelernt hat, wird sich – ohne es zu wollen – einer Welt von Befreiern gegenüber sehen. Denn wer gern einsam ist und das Alleinsein liebt, dem wird es abspenstig gemacht, der zieht die Bewunderer an und sammelt sie um sich wie Eisenfeilspäne.

Madame, comment vous défendez-vous contre la solitude – wie, Madame, verteidigen Sie sich gegen die Einsamkeit? läßt Lawrence Durrell in seinem Roman *Balthazar* den Helden die Heldin fragen. Eine wahrhaft wunderbar altmodische Frage, und sie antwortet: Monsieur, je suis devenue la solitude même – ich bin selbst die Einsamkeit geworden, mein Herr. Wenn das nichts ist! Aber Durrells schöne Tetralogie wird nicht mehr gelesen, und solche Dialoge werden nicht mehr geführt.

Frei von Ängstlichkeit sei der oder die Einsame, der Verlust des Status als *soziales Tier* ist ja nicht unwiderruflich. Es sollte nur kurzfristig innegehalten werden mit den hysterischen Lobpreisungen der Famillje, der Reproduktion, der Fortführung des »deutschen Volkes«. All diesen Lobpreisungen haftet nämlich etwas Verlogenes an, das sich bei der Betrachtung der Lobpreiser rasch enthüllt. Es ist die Angst, ohnmächtig dazustehen inmitten einer Herde von Antiherdentieren, die mit fortschreitender Einsicht weder brave Produzenten noch, was viel schlimmer ist, brave Konsumenten sein mögen. Die sich nicht scheren um die stets wechselnden Schriften an der Wand, auf denen abwechselnd GERONTOKRATIE steht oder EGOIST, UNTERGANG DER WESTLICHEN ZIVILISATION oder WERTEVERLUST. Der *Neue Einzelne* schaut sich seine Menetekel an und läßt sich nicht vergraulen.

Gerontokratie? Die haben wir doch schon längst, allerorten regieren zäh und eifersüchtig alte Männer und wollen sich nichts wegnehmen lassen. Wissenschaftsminister haben keine Ahnung, wie man mit einem Computer umgeht, Vorstände von Elektronikkonzernen können keinen Videorecorder programmieren, aber sie haben die Macht, und die Jungen scheinen zu weiche Händchen zu haben, um sie sich zu nehmen. Gerontokratie gibt es also längst, das schreckt den einzelnen nicht, und ein Egoist ist er eigentlich auch nicht, denn er will ja allein auf seine Façon selig werden und nicht andere dazu zwingen. Der Untergang der westlichen Zivilisation wird gerade durch ihn oder sie, die einzelnen, noch ein wenig aufgehalten, die nicht geschlossen zu Renoir oder Pavarotti stürzen, sondern entzückt den staubigen schönen Römerinnenkopf im Heimatmuseum bewundern und einem Vivaldigeiger im Stadtpark zuhören.

Und der Werteverlust? Ach Gott. Waren da welche? Bei denen, die immer davon reden? Der fortgeschrittene einzelne braucht keine WERTE, sondern ein bißchen Höflichkeit, Nachdenklichkeit und Distanz. Der gelernte Einsame braucht nicht allzuviel Platz und verbraucht weniger Ressourcen als andere. Auf die Winzigkeit seines Grundstücks angesprochen, hat der große Einsame Karl Valentin gesagt: Aber hoch ist es. Hoch!

Besser kann man sie gar nicht beschreiben – die Wonnen des Alleinseins. Die Gattung wird gewiß nicht aussterben, nur weil immer mehr Menschen damit anfangen, ein kleines Brot zu kaufen, nachts Spaghetti zu kochen oder Tagebuch zu schreiben, was eben dergleichen preiswerte und einsame Freiheiten und Freuden sind.

Wie sagten doch Madame? Monsieur, ich selbst bin die Einsamkeit geworden! Nach diesem Satz stürzt sie sich natürlich mit ihm in ein gewaltiges Liebesgetöse: Und das ist gar kein Widerspruch.

Ginka Steinwachs

Fassen SIE sich ein Herz – es muß ja nicht das eigene sein

1

Warum heiraten? Nichts mit erstens zweitens drittens, liebe Regula Venske, ich schreibe diesen, meinen letzten Anthologiebeitrag aus Freundschaft für Dich, nichts mit erstens zweitens drittens, lieber Leser, sondern nur Bonifaz Bonifaz Bonifaz. Bonifaz der Erste, Bonifaz der Zweite und Bonifaz der Dritte – nach, wie wir alle wissen, nach Spekulaz, nach Pankraz und nach Ignaz, alle vier, wie sie sein müssen, Männer, die sich/mich/uns gewaschen haben, alle vier, die sich/mich/uns gewaschen haben, mit Vornamen, Nachnamen haben sie keine, oder der Vorname steht für den Nachnamen, und das ist gut so, es vereinfacht das Denken, mit Namen auf *az. Immer nur Bonifaz. Ich glaube, ich habe das Thema: Warum heiraten? verfehlt am Schluß, aber die Sache der Liebe, soweit das möglich ist – fassen SIE sich ein Herz, es muß ja nicht das eigene sein, – aber die Sache der Liebe, welche doch, wo immer das möglich ist, der Heirat weltweit vorausgeht, getroffen.

2

Mit meinem Mund, der ein anerkannt hübscher gesunder gescheiter offener ist (Robert Walser) stelle ich EUCH den guten Bonifaz vor. Wer vor mir liegt, ist gewiß der gute Bonifaz. Eine Geschichte, die das Leben schreibt. Ich bin dabei. Ich schreibe mit. Atemzug Schriftzug. Ich halte mit dem Atem SchriFt. Das SchriFthalten mit dem Schritt – es geht um den ersten Schritt ins Lieben – ist eine Lebensaufgabe. LeSen Sie, leSen Sie, leSen Sie, meine Herrschaften, dann können Sie besser leben.

3

F*L*I*R*T*-MARKET
DAS SINGLE-WEEKEND IM TOOM
CANDLE-LIGHT-DINNER ZU GEWINNEN

4

Heran, heran, wer leben kann. Ich habe den Film meines Lebens (90 Minuten) bereits vor meiner Geburt im himmlischen Dammtorkino gesehen. Nähe Dammtorbahnhof. Am Dammtordamm. Einen Spielfilm. Da waren viele Spiele. So viele Spiele allein, zu zweit, zu dritt, zu viert wie Leben möglich. Für dieses eine Leben mit dem guten Bonifaz habe ich mich dann entschieden. Es fängt in der Umkleidekabine der himmlischen Damenausstattung an. Alles vom Feinsten. Eine Engelsgarderobière. Ich schimmere (noch immer) in Samt und Seide; in Samt und Seide, etwas weiter ausgelegt, weil ich auch nähe, – nehme nur auf Grund der guten Auftragslage im Moment keine Bestellungen an –, etwas weiter ausgelegt, in Samt und Saite mit AI, weil ich auch Geige spiele, etwas weiter ausgelegt, in Samt und Seite mit EI, weil ich auch schreibe, das heißt eigentlich schreibe ich nicht: Ich führe bloß Tage-Sage-Frage-Rage-Trage-Wage-Waagebuch. Das heißt: der Stoff, aus dem die Träume sind, – das Leben ist eine Wunscherfüllung, – ist wirklich Stoff. Und der Stoff, aus dem die Träume sind, – das Leben ist eine Wunscherfüllung, – ist wirklich wirklich. Fassen Sie sich ein Herz. Der Stoff, aus dem die Träume sind, ist Dauer-Power-Sauerstoff. Selig sind die, denen der Stoff nicht ausgeht. Dreams that money, money that dreams can buy.
Im Anfang ist der A B ZEH
im Anfang ist die A B FEE
(für R. V.)

5

Heiraten = Himmel mal zwei
Heiraten = Bett durch zwei

6

Cervantes, der berühmte Cervantes, hat erst mit 55 Jahren zu schreiben begonnen. Sie denken mit mir an den Ritterroman. Was folgt für uns daraus? Was folgt für uns daraus folgenschwer? Für uns folgt daraus folgenschwer, daß einige erst mit 55 Jahren in den festen Stand der Ehe treten, ein Neuland, ein Freuland für sie. Und warum treten sie erst mit 55 Jahren in den Stand der Ehe? Weil sie zuförderst ihren Dr. rerum nuptiarum, einen Doktor in Heiratswissenschaften abgelegt haben und daran als an einer Erfahrungswissenschaft – immer das Leben vor Augen und im Nacken – promoviert es sich lange, länger jedenfalls als an Jus wie Jurisprudenz oder Medizin. Und diesen Doktortitel vergibt, wie beiläufig Witold Gombrowicz erwähnt, europaweit nur die renommierte Universität von Leyden. Bonifaz jedenfalls hat dort an der ehrwürdigen Alma Mater seinen Dr. rer. nupt. gemacht. Nun ist er frei, sein Wissen auch zu leben.

7

May a merry mary marry a merry American?
May a merry American marry a merry mary?

8

Während ich schreibe, wer vor mir liegt, ist gewiß, werde ich gewiß beschriftet. Wir werden alle beschriftet. Um wieviel mehr werden die beschriftet, die schreiben. Und schreiben heißt: SchriFt halten mit dem Atemzug. Daher die Berufsbezeichnung des Originalkopisten.

9

Heiraten = Himmel mal zwei
Heiraten = Bett durch zwei

10

Es, das Leben, hat es in sich.
Es, das Leben, macht Sachen.
Es, das Leben, reißt mir in der Mitte des Freitages die Nähnadel aus der Hand, erst habe ich weiß einen Seidenbüstenhalter verkürzt, dann schwarz den Straßknopf auf den Halsansatz eines Samtkleides aus der Grandstreet in SOHO. OHO. HOHO gesetzt und jetzt eben – right here, right now – will ich in guter Ruh eine Reihe Perlen auf ein Stirnband heften, da kommt eine Freundin und will mich partout zum Single-Treff überreden.
Das ist wahr und wahrhaftig ein Fest,
wenn mein Genius
genius at work
at worLd
at word
mir mal Ruhe läßt.

11

Wie gesagt: einige heiraten spät. Es ist nie zu spät. Andere schrecken vor dem Standesamt oder vor der kirchlichen Trauung zurück. Ich kaufe sonst nicht bei Toom. Sie sind Heiden und aufrichtig genug, um die *iunctio dextrarum – das Ineinander der rechten Hände, Blick nach vorn – im alten Rom unter Patriziern üblich – dem christlichen Ringtausch mit Lippenkuß – Reißverschluß vorzuziehen. Ja, meine Herrschaften, auch die iunctio dextrarum ist ein Ja fürs Leben, aber im Angesicht des Todes, wenn Sie so wollen. Darüber weiß Bonifaz mehr. Dritte bleiben ehelich ungebunden, obgleich die Hochzeit an sich etwas an sich haben muß, weil es immer mehr eigengeschlechtliche Partner dahin (und das heißt zum Traualtar) zieht.

12

Die Geschichte heißt: Wer vor mir liegt... Warum darf er nicht sitzen? Er hat gesessen, warum darf er nicht stehen? Er ist gestanden und behandelt den guten Bonifaz pfleglich. Es gibt da zwei Fragen, immer gibt es da zwei Fragen: Wer er ist und wo. Wer er ist, ist schwer zu sagen.

Seelen-Elefant trifft da am besten.
Zart wie Seele, groß und schwer und klug wie Elefant. Jeder Mensch ein Kosmos trägt seine Welt. Bonifaz trägt seine Welt vor. Bonifaz trägt seine Welt an. Ich trage meine Welt aus. Jeder Mensch ein Kosmos trägt seine Welt.
Wo er ist, die Symphonie der Freitagskassen, das Anfahren und Abfahren der Waren im Raum, der Wagen im Vorraum, ein Versuch alles und jedes gut günstig zu erhaschen, meine Freundin ist da Spitze, sie läßt sich nichts entgehen, wo er ist, geht leichter. Beim Single-Treff, ein Glas in der Hand. Er ist Geschäftsführer, und im Gespräch führend.

13

Sepe dat una dies quot toti denegant anni. Immer gibt ein Tag, was Jahre verweigern. Glück aber ist nichts weiter als das Zusammentreffen einer Gelegenheit mit der Bereitschaft, sie zu ergreifen (Deepak Chopra).

14

Ich werde ihm: groß Locken locker frohlockend, vorgestellt: guter Bonifaz, sagt meine Freundin laut und mit Nachdruck: Dies ist Anna Bleibgrün. ANNA BLEIBGRÜN, sagt er. Ich höre den Namen groß geschrieben, und er sagt, als hätte er mich gelesen: Wo ihre Liebe hinfällt, da wächst Gras. Ich muß lachen. Er sagt, er schaut mir in die Augen. Er sagt: Er kennt mich schon. Er kennt mich schon bis zur Kenntlichkeit. Er kennt mich schon wieder. Er sagt: Ich sehe mir ähnlich. Er sagt: Andere bleiben andern, ich bleibe mir selber treu. Er sagt: Ich falle in den Rahmen. Sein Lachen ist eine Halde. Da kommt was runter: Gestein Holz Moos.

15

Bleib grün, Anna
Bleib hold, Anna
Bleib schön, Anna
Bleib mein, Anna

16

Etliche Don Juanieren. Viele haben ein Bindungsproblem. Manchen ist das Leben zu kurz. Anderen ist das Leben zu lang für einen gemeinsamen Haushalt. Nicht die Übelsten sind Solipsisten und wollen es auch bleiben. Welche haben die Durststrecke der Ehe hinter sich und können das emotionelle Hungerleiden nicht schon wieder für nichts beginnen. Ausgewählten grünt und blüht in der Phantasie des Lebens goldener Baum.

17

Er fährt einen Karman Ghia, Baujahr 1967, von purpurschnekkenroter Farbe aus dem Hause VW und lädt mich ein.

18

Ich fasse mir ein Herz – es muß ja nicht das eigene sein – und steige ein.

19

In voller Fahrt: Was er macht, eigentlich macht? Er knüpft Knoten im roten Lebensfaden der Menschen. Ist das eine Kunst, frage ich? Das ist eine Kunst, sage ich (für Klaus Martin Kretzschmer und Dagmar-Tamara Cunze.). Ich weiß nicht, wo ich das Urvertrauen hernehme (Ecke Dorotheen-Maria-Louisenstraße... wir sind auf dem Weg in den Stadtpark...) zu denken: Er kann... Bei ihm möchte ich Autofahrt / AUTOOMfahrt ein Leben blind einparken. Wir fahren. Wir erfahren uns im Fahren. Ich muß dem Traum etwas nehmen und es dem Tag geben, damit mir der Tag – das Leben ist eine Wunscherfüllung – den Traum erfüllt.
Wir haben das Candle-Light-Dinner (2 Personen, Landhaus Walter) gewonnen. 1 Blumenstrauß für die Dame, 1 Flasche Veuve Cliquot für den Herrn.

20

Da bin ich wieder, zu Hause, Nadel und Faden in der Hand. Der Stoff, aus dem die Träume sind, ist wirklich Stoff, und der Stoff, aus dem die Träume sind, ist wirklich wirklich. Da bin ich wieder zu Hause und nähe weiter. Mein Handwerk ist so, Zitat: Tapferes Schneiderlein, »daß Stich muß Stich« vertreiben. Drei Goldknöpfe mit Verzierung sitzen an einer Chaneljacke nicht fest, und an meiner Glückshaut ist unten der Saum locker. Barockperle am Rocksaum seines Gewandes. Weiter ist die Geschichte, die das Leben schreibt, heute Samstag noch nicht gediehen. Sie kann das Bühnenbild für ein Glück abgeben. Bühnenbild für ein Glück auf vier Füßen. Ich schenke DIR Flügel und DU schenkst mir Füße. ESCENARI PER A UNA FELICITAT. Bühnenbild für ein Glück. Principessa adessa und condottiere Dr. med. ici. Prinzessin Nun und Prinz Hier.
Und ich will sie, die Geschichte, nicht zwingen, nicht wringen. Ich will sie nicht auspressen und in die Mangel nehmen wie dergleichen in Schreibstuben, die keine Nähstübchen sind, wohl geschieht.
Ich will das Leben lassen.

Vitae

Alberts, Jürgen, geb. 1946, Promotion über die BILD-Zeitung, Autor historischer Romane sowie einer zehnbändigen Krimi-Serie über die Hansestadt Bremen, wo er lebt.

Sind Sie verheiratet? Ja, seit 1974, nach zehnjähriger Probezeit. *Also sind Sie über 30 Jahre mit derselben Frau zusammen?* Ja, schon, und immer noch glücklich. *Monogam?* Nö, eigentlich nicht.

Banciu, Carmen-Francesca, geb. 1955 in Lipova, aufgewachsen in Gutenbrun, Lipova, Timisoara und Arad in Rumänien. Nach dem Abitur 1974–1980 Studium der Kirchenmalerei und Fachschule für Außenhandel in Bukarest; Prosaautorin, nach Verleihung des Internationalen Kurzgeschichtenpreises der Stadt Arnsberg 1985 für »Das strahlende Ghetto« Publikationsverbot in Rumänien bis 1989; Redakteurin und Mitherausgeberin verschiedener nach 1989 gegründeter Kulturzeitschriften; diverse Stipendien und Auslandsaufenthalte. *Rosen für Domingo* ist ihre erste direkt auf deutsch geschriebene Geschichte.

Lebt mit Familie seit November 1990 in Berlin.

Bonné, Mirko, geb. 1965 in Tegernsee; meine Eltern heirateten in meinem Geburtsjahr, ließen sich nach uneinigen Jahren scheiden, heirateten nach einigen Jahren wieder, ließen sich nach uneinigen Jahren scheiden. Ich bin Schriftsteller und lebe in Hamburg, habe ein Hörspiel veröffentlicht, zwei Lyrikbände und die Dichtungen von John Keats übersetzt.

Ich hoffe, ich werde in einigen Jahren noch immer mit meiner Frau Christa verheiratet sein. In einigen Jahren wird mein Sohn Nicolas einige Jahre alt sein.

Demski, Eva, geb. 1944, Schriftstellerin, Frankfurt am Main.

Meinen Familienstand *witzig* zu formulieren, ist etwas schwierig, ich bin nämlich verwitwet.

Der Beitrag von Eva Demski wurde ursprünglich für die

Reihe »Gedanken zur Zeit«, Redaktion Andreas Wang, verfaßt und am 8. Juni 1996 auf NDR 3 gesendet.

Dieckmann, Dorothea, geb. 1957, freie Schriftstellerin, was da heißt: einerseits schreiben, andererseits schreiben, um schreiben zu können, lebt in Hamburg, eine Tochter.

Verheiratet: feiert dieses Jahr die bronzene oder, schöner, Rosenhochzeit mit dem Mann, von dem sie getrennt lebt und dem sie treu bleiben wird: nie wieder heiraten! Dennoch ohne Reue – im Gegenteil: Der Ehe-Mann wird die große Liebe gewesen sein, nach wie vor. Doch seit der Trennung erst fällt es leicht, »mein Mann« zu sagen oder »ich bin verheiratet« oder gar mal hier mal da den alten Doppelnamen zu verwenden. Ach, wir machen uns – hoffentlich – lustig über die ewige Pflicht der Reflektierten, »gebrochen« zu sein – aber warum? Weil wir es sind!

Duden, Anne, geb. 1942, Schriftstellerin, lebt in London und Berlin.

Ledig.

Eppendorfer, Hans, geb. 1942 als Produkt einer Tanzpause; Abtreibung überlebt in Lütjenburg, mit freigekauftem Erzeuger. Der Bastard wuchs heran mit Trockenmilch an der Hand der Großmutter; der Mutter waren ihre großen Hüte wichtiger. Verlust der Großmutter mit 13, Internat in Rendsburg: Wenn die Kameraden zu Weihnachten nach Hause durften, nahm mich ein Anwalt zu sich und seiner Familie, Kulanz, die sich im Januar auf der Rechnung wiederfand. Haß wurde zur Blutspur, gesteinigt von Worthülsen und leeren Versprechungen, zugeschüttet mit moralischen Absichtserklarungen. Satt bis obenhin von dieser Maultrommelakrobatik. Und losgelebt gegen alle Statistiken. Seit 1970 in Hamburg, seit 1977 freier Schriftsteller.

Heirat 1971 in Rom, als Trauzeugen Peter Rühmkorf und Hansjörg Martin.

Geissler, Christian, geb. 1928, Schriftsteller, lebt im Dollart; siehe auch bei *Sabine Peters*.

Wir haben im Jahre neunundachtzig geheiratet, da war die

Frau achtundzwanzig und der Mann einundsechzig. Seither kommen wir einander von Jahr zu Jahr näher. Heute ist der Mann, der am ersten Geburtstag seiner Ehefrau dreiunddreißig mal so alt war wie sie, nicht mal mehr doppelt so alt, und wenn er dann einhundertvier ist, ist seine Frau einundsiebzig, und da wird dann der Witz akut: »Was brauchst du so eine alte Frau?«

Greiner, Ulrich, geb. 1945, studierte Germanistik, Politologie und Philosophie, wurde aber nicht Lehrer, sondern Feuilletonredakteur der FAZ, wechselte 1980 zur ZEIT, war deren Feuilletonchef von 1986 bis 1995 und ist seitdem Kulturkorrespondent.

Er ist verheiratet und Vater zweier Töchter.

Gros, Martin, geb. 1952, nach Berlin gezogen 1970, freiberuflicher Autor seit 1983.

Heirat 1988, selbstverständlich im Bewußtsein der Verlogenheit jeder Eintracht; seitdem von jedem Anflug einer Harmonie glücklich in Verlegenheit versetzt.

Heinrich, Jutta, geb. 1940 in Berlin, lebt überwiegend in Hamburg.

Ledig geboren und ledig geblieben, seit 1971 erst unfreiwillig, dann unnachtragend freiwillig Autorin, also doch Mutter geworden von verwaisten, zarten, wilden, verliebten oder ängstlichen Worten, die in mir aufwachsen, nach draußen gehen und mich zurückgrüßen, aber auch von solchen, die nicht erwachsen werden können und die die Obhut des Kopfes ein Leben lang nicht aufgeben.

Herms, Uwe, geb. 1937 in Salzwedel, Altmark. Freier Schriftsteller. Lebt nach längeren Auslandsaufenthalten auf der Nordseehalbinsel Eiderstedt, in Hamburg und Berlin, dort in dritter Ehe verheiratet. Zuletzt (1996) erschien sein Prosaband »Im Land zwischen den Meeren«.

Holbein, Ulrich, geb. 1954, Autor, lebt in Nordhessen. Widmete der Erläuterung seines Familienstandes ein ganzes Buch, den Fortpflanzungsroman »Warum zeugst du mich nicht« (1993):

Ledig, null Kinder.

Jens, Inge, geb. 1927 in Hamburg, Editorin.
Seit 1951 lebenslange Gefährtin und seit 47 Jahren in Tübingen zu Hause.

Jens, Walter, geb. 1923, homme de lettres.
Seit 1951 Gefährte auf Lebenszeit und seit nahezu 50 Jahren in Tübingen beheimatet.

Klein, Georg, geb. 1953, schreibt Prosa und macht Videos zusammen mit VHC Pielert; siehe auch bei *Katrin de Vries*.
Seit sechs Jahren und hoffentlich auch in Zukunft kann er Kinder, Kunst und Kegel keinen Tag mehr auseinanderhalten.

Köhler, Monika, geb. 1941 in Berlin am Alexanderplatz, Schriftstellerin: Lyrik und Romane, und Galeristin: Galerie Ganesha für javanische Steinskulpturen, lebt in Rosengarten bei Hamburg.
Seit 1963 mit einem Journalisten verheiratet.

Koglin, Michael, geb. 1955, lebt und arbeitet als freier Journalist und Schriftsteller in Hamburg.
Einmal verheiratet, einmal geschieden, einmal so zusammengelebt und einmal so getrennt. Oder auch anders: Nach einmal elfeinhalb und einmal neun Jahren zur Zeit auf Bewährung »draußen«. Noch wechselnde Bewährungshelferinnen.

Korn, Carmen, geb. 1952, Autorin, lebt mit ihrem Mann und ihren Kindern in Hamburg.
Dem einen und anderen Zeitgeist zum Trotz glaubt sie seit Jahrzehnten, daß die Ehe eine der besseren Erfindungen der Menschen ist.

Marti, Madeleine und *Ulmi, Marianne*, geb. 1957, leben in Zürich und Bern, beschäftigen sich u. a. mit Lesben und Sprache, beruflich auch mit Literatur und Statistiken.
Zivilstand: ledig, Gefühlsstand: verliebt.

Naura, Michael, geb. 1934 in Klaipeda/Memel, seit 1940 in Berlin, dort Studium der Philosophie, Soziologie, Publizistik und Graphik; als Musiker Autodidakt. Seit 1953 on the road mit dem Vibraphonisten Wolfgang Schlüter und eigener Jazzband, seit 1966 Poesie und Musik mit Peter Rühmkorf, seit 1971 Leiter der Jazzredaktion des NDR, lebt in Hamburg und Nordfriesland.

Seit 1982 verheiratet mit Christina, geb. Krantz.

Noll, Ingrid. Ich weiß nicht ganz genau, wie sehr es mich geprägt hat, daß ich in China geboren und aufgewachsen bin. Zweimal war ich jetzt wieder dort, um darüber nachzugrübeln. Ach so, mein Geburtsjahr ist 1935, es ist also eine Weile her. Seitdem ist nicht viel passiert, ich habe in Deutschland Abitur gemacht, ein bißchen herumstudiert, einen lieben Mann geheiratet und drei wundervolle Kinder bekommen. Mein jetziger angenehmer Beruf ist Schriftstellerin, ich lebe in Weinheim an der Bergstraße.

Warum ich geheiratet habe? Um nicht als alte Jungfer zu verblühen; im Augenblick verblühe ich aus purem Vergnügen.

Peters, Sabine, geb. 1961, Autorin, wohnt im Dollart; siehe auch bei *Christian Geissler.*

Unser (erster gemeinsamer) Text ist das Produkt einer gegenseitigen Vertauschung. Wir hatten dem Verlag zugesagt. Dann hatte Geissler abgesagt. Dann hatte Peters geschrieben. Dann hatte Geissler das gesehen. Und wie immer, wenn er von seiner Frau was sieht, war er in Fahrt gekommen. Und aber kaum war er eingelandet am neuen Ufer, hatte die Frau den Kahn wieder losgemacht – Ahoi! So ist ein Text entstanden. Von zwei Leuten. In einem Boot.

Rott, Wilfried, geb. 1943 in Wien, Studium der Geschichte und Germanistik, Promotion an der Universität Wien; Fernsehmoderator, Buchautor und Abteilungsleiter »Kultur aktuell – Fernsehen« beim Sender Freies Berlin (SFB).

Verheiratet, zwei Söhne.

Schumacher, Astrid, geb. 1948, wohnt in Reinbek bei Hamburg, Dipl. Biologin, Dr. rer. nat., zur Zeit tätig als Studienrätin in einer Hamburger Berufsschule; schreibt unter dem Pseudonym A. B. S. gemeinsam mit ihrem Mann Bernt Kriminalromane, Erzählungen und Drehbücher.

Verheiratet! Und das seit dem Abitur! Mit einem Klassenkameraden! Der Heiratsgrund ist 28 Jahre alt (und mittlerweile Ärztin). Da die erotische Attraktion über die Zeit anhielt, meine Kenntnisse in der Empfängnisverhütung jedoch wuchsen, habe ich nur noch eine zweite Tochter, jetzt 15 Jahre alt.

Schutting, Julian, geb. 1937, Wohnort Wien, ist und soll bleiben ein Schreiberling.

Seit reuevoller Retirierung aus nach chinesischer Spruchweisheit »Doppelt hält besser« auch mit römisch-katholischer Naht versehenem, blamablerweise nur 2 ½ Jahre gewährt habendem scheidbarem also allzu bald scheidungsbedürftigem Status (Exehefrau Konzertpianistin; friedliche Koexistenz zwischen deren Konzertflügel und meiner simplen Schreibmaschine letztlich unmöglich, da letztere nicht auf Panzerwagen montierbar) also im heiligen Neoledigstand befindlich.

Steinwachs, Ginka, geboren nach ihrem jüngeren bruder alfred jarry vor ihrem älteren bruder ezra pound am 31ten 10ten. hubert fichtepreis der freien und hansestadt hamburg 1995 (im jahr mit den ausrufungszeichen !!!!) wo sie den vor-text im klein-verlag :: *hamburgs bräute wollen den größten* vorträgt. studien schreibstudien. zur zeit steht das leben mit dessen dunk-HELL im vordergrund.

eine ehe, zwei eheähnliche beziehungen und nun frisch verliebt.

Stötzer, Gabriele (ehem. verh. Kachold), geb. 1953, Schriftstellerin.

Lebt auf der Liebesstraße zwischen Erfurt/Utrecht.

Thomä, Dieter, geb. 1959, lehrt Philosophie an der Universität Rostock, verfaßte u. a. die »Kleine Philosophie einer riskanten Lebensform: Eltern« (1992).

Verheiratet, 2 Kinder.

Ulmi, Marianna siehe bei *Marti, Madeleine*.

Venske, Henning, geb. 1939, Wohnort Hamburg, Beruf Tagelöhner.

Mein Familienstand ist der eines Patriarchen, der sich im Namen seiner Schwester sonnt.

Venske, Regula, geb. 1955, freie Schriftstellerin in Hamburg.

Als Kind wollte ich natürlich meinen großen Bruder heiraten; zu seinem und zu meinem Glück hat mich die (zweiteheliche) Liebe von dieser Schnapsidee geheilt.

Vries, Katrin de, geb. 1959, schreibt Prosa, szenische Texte, Hörspiele und macht Videos, 1996 erschien »DIE HURE H«, ihr erstes Bildergeschichten-Buch für Erwachsene mit der Zeichnerin Anke Feuchtenberger; siehe auch bei *Georg Klein*.

Sie lebt mit Kunst, Mann und zwei Kindern in Berlin und Ostfriesland.

Wolff, Gabriele, geb. 1955, Oberstaatsanwältin und Kriminalschriftstellerin in Neuruppin/Brandenburg.

Verheiratet seit dem 13. 12. 1989; nach zweieinhalbjährigem Um-den-heißen-Brei-Herumtänzeln – übrigens zum erstenmal im Leben der Autorin, die bis dahin niemals einen entsprechenden Wunsch/Mann gekannt hatte – entschied sich die Frage ob oder nicht nach einem Dialog, der der hier vorliegenden Geschichte entnommen werden kann. Lediglich die äußeren Umstände der damaligen Entscheidung entbehrten der Groteske der Fiktion.